小理想	
小現状	
小現状	
小現状	
小現状	
小現状	
小現状	
小現状	
中現状	

キリトリ

月間 手帳フォーマット

大理想 →	中理想 →		
小理想 →	中方法論	29	30	1
小理想 →	中方法論	6	7	8
小理想 →	中方法論	13	14	15
小理想 →	中方法論	20	21	22
小理想 →	中方法論	27	28	29

メモ

キリトリ

→ 大方法論

2	3	4	5	→ 中現状
9	10	11	12	→ 中現状
16	17	18	19	→ 中現状
23	24	25	26	→ 中現状
30	31	1	2	→ 中現状

大現状

来月へ →

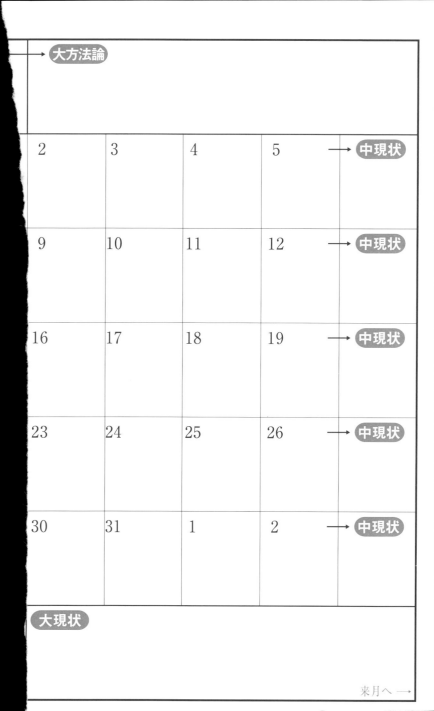

週間 手帳フォーマット

中方法論									
月 Mon	8	10	12	14	16	18	20	22	24
小方法論									
火 Tue	8	10	12	14	16	18	20	22	24
小方法論									
水 Wed	8	10	12	14	16	18	20	22	24
小方法論									
木 Thu	8	10	12	14	16	18	20	22	24
小方法論									
金 Fri	8	10	12	14	16	18	20	22	24
小方法論									
土 Sat	8	10	12	14	16	18	20	22	24
小方法論									
日 Sun	8	10	12	14	16	18	20	22	24
小方法論									
メモ									

相生昌悟
Aioi Syogo

東大式
目標達成思考

The University of Tokyo
Ways of thinking to achieve goals

「努力がすべて」という
思い込みを捨て、
「目標必達」をかなえる手帳術

日本能率協会マネジメントセンター

目標を達成できるのは、
どちらでしょうか？

目標を達成させたい！
そのためには、
努力あるのみ!!

自分の現状が○○で、
そこから理想を△△と
立てられるから、
その間をつなぐ方法と
して□□をこなせば、
目標達成できそうだ

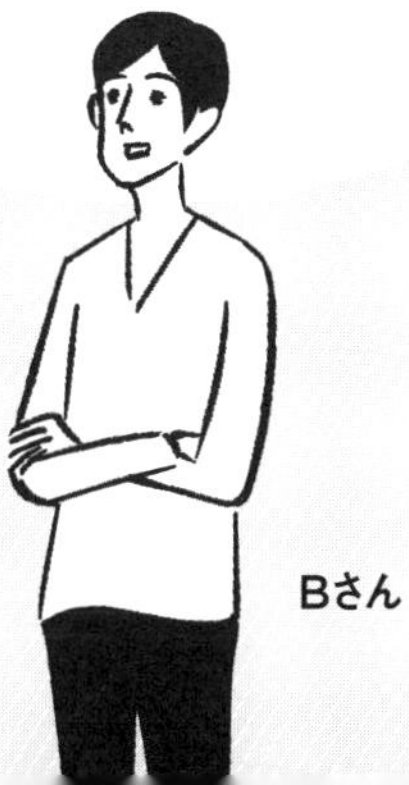

いかがでしょうか？

「Ｂさんが目標を達成するに決まっている」
多くの方がそう感じたと思います。

ですが、実際はどうでしょう？
日々の中で一体どれだけの人が、Ｂさんのように考え、
思い描いた目標をつかみ取ることができているでしょうか？

こんなことをいってしまうと、
元も子もないように思われるかもしれませんが、
どうかご安心ください。

今、この本を手にしているみなさんが、
Bさんのように考えられていないとしても
無理もないことなのです。
だって誰も、目標を達成するための「型」など
習っていないのですから。

では、その型とは一体何なのか。
何を見て、どこを目指し、どう動けば、
望む結果を手に入れられるのか。
答えはこの本の中にあります。
これからその答えを解き明かす鍵を見つけにいきましょう。

はじめに

「頑張ってるのに結果が出ない……」


私は、そのような人に向けて、この本を執筆しています。

この『東大式　目標達成思考』は、誰もが努力に対して必ず結果の出るメソッドをみなさんにお伝えするものです。


さて、自己紹介が遅れまして申し訳ございません。

私は現在、東京大学に通う大学2年生です。

地方の公立高校から、東大模試1位を取り、その後、現役で東大合格を果たしました。

そんなことをいうと、「東大生？」「しかも1位⁉」と、なんだかすごいイメージを持たれるかもしれません。ですが、私はもともと、勉強しても思ったように結果を出すことのできない人間でした。努力してもなかなか成績が上がらない、頑張ってもうまくいかない……そんな経験を何度もし、失敗を重ねてきました。

しかし、そんな私が、とある工夫、この本のタイトルでもある「目標達成思考」をするようになってから、努力が結果に結びつきはじめました。

「努力は報われる」は本当か？

みなさんは、達成したい目標があったとき、どのようなことを意識して努力されているでしょうか？　そもそも、何か意識しながら努力されているでしょうか？

もしかしたら、みなさんが今やっていることは、過去の私と同じように、結果につながりにくいものになっているかもしれません。

ある塾でバイトをしていたときのことです。ひとりの塾生が私に次のような相談をしてきました。

「毎日、何時間も勉強しているんですけど、なかなか成績が伸びなくて悩んでいます。一体、何が問題なんでしょうか？」

彼は塾の中でも比較的真面目で、毎日コツコツと努力を積み重ねるタイプの子でした。私は彼の相談を受けて、次のような質問をしてみました。

「今、自分にどんな課題があって、どうなりたいかを考えながら勉強してる？」

すると、彼は少し驚いた顔で答えました。

「いえ、ただ学校でもらった問題集をやってるだけです」

そう、彼は何も考えず、ただ努力しているだけだったのです。

一般的に、結果に差が生まれてしまうのは、「努力の量そのものに差があるからだ」と理解されています。私も昔はそう思っていましたし、それが大きな要因であることも事実でしょう。

しかし、努力の量だけが結果を左右する要因ではありません。

彼の発言を聞く限り、十分な時間の努力はしていました。それでもなお、成績が伸びなかったのは、「努力の仕方そのものを考えていなかったからではないか」と感じるのです。

「努力は報われる」という言葉があります。世の多くの人々の、心の支えになっている言葉です。でも、この言葉は本当に正しいといえるのでしょうか？

想像してみてください。今の世の中を見て、「努力が報われる人」と「努力が報われない人」、一体どちらが多いでしょうか？

残酷な現実ではありますが、「努力が報われない」ことの方が明らかに多いでしょう。

もちろん、努力が報われない理由には、他人の問題や社会構造の問題など、自分ではどうにもできないものもあります。しかし、それと同時に、自分に問題がある場合も少なくありません。

つまり、努力は報われるという言葉を鵜呑《う》みにし、ただがむしゃらに努力を続けるのは危険なのです。

ただ計画表をつくるだけではダメ？

「いや、私はちゃんと考えながら努力してるよ」

ここまで読んで、そう思われた方もいらっしゃるでしょう。

ですが、その「考え」も、もしかすると適切でない可能性があります。

これに関して、私の高校時代を例に見てみます。

私のいた高校からは毎年、十数名が東大を受験します。私が高校3年生のときもそうでした。実際に受験する人数ではなく、当初から東大を志望している人数や、進学できるなら東大に行きたいと考えていた人数でいえば100人近くはいたでしょう。しかし、現役で東大に合格したのは私を含め、たったの3人。これが現実なのです。

私の目から見れば、彼らは明らかに努力していたと思います。毎日10時間以上勉強していた人はザラにいたし、課題をきちんとこなし、授業もしっかり聞いている人もいました。しかも、きちんと考えて計画表をつくり、努力している人も多くいました。しかし、お伝えしたように、現役で東大に合格したのはたったの3人だったわけです。

では、その計画表にはどんなことが書かれていたのか？　それは次のようなものでした。

「東京大学合格」
「1ヵ月で単語帳を3周する」
「数学の問題集を1周する」

このような計画を見て、みなさんはどう思われますか？

「別に悪くない計画じゃない？」
「自分もこうやって努力してた」
「きちんと考えながら努力していると思う」

そう思ったみなさん、実はそこが問題なのです。

ただ考えるだけでは、結果にはつながりません。この点を、みなさんにはご理解いただかなくてはなりません。

きちんとした戦略を立て、それを実践できる形に落とし込むことなしに、努力が結果へと結びつくことはないのです。

厳しい言い方をすれば、上記の例のような、何も考えずに努力している人や、考えながら努力してはいるものの、その考え方が適切でない人は、「**勝負を始める前にもう負けている**」ということです。

がむしゃらな努力や正しくない考えに基づいた努力は、失敗につながりかねない。逆に正しい努力ならば、少ない労力でも結果につながるかもしれない。

そう、間違った努力は結果につながらないのです。

ですから、これからは正しく努力をしていきましょう。競争の中で敗者となる可能性を徹底的に排除し、圧倒的な差をつけて勝者となる。本書は、みなさんがそうなれるようにお手伝いをするものです。

目標達成思考における２つのキーワード

さて、その正しい努力をしていくために本書を通してお伝えする目標達成思考ですが、この目標達成思考を理解する上で重要なキーワードが２つあります。

１つ目が「戦略」、２つ目が「手帳」です。

戦略は、**努力する際に何を意識すればいいか**、ということ。それを**時系列で実際に実践できる形にしていく**のが、手帳です。

つまり、結果を出すことに最適化された戦略を、手帳を通して実践できる形に落とし込み、それに基づいて努力することで望んだ結果を残すことができるようになる、ということです。

そして私は、東大生に限らず、成功している人は多かれ少なかれみんなこの目標達成思考をしていると考えています。できる人・結果を出す人にとっては当たり前のことを、今から紹介しようとしているのです。

事実、東大生の多くは、本書でお伝えする目標達成思考と似たようなことを考えながら勉強しています。また、私がこれまで出会ってきた社会的に成功している方々も、これに似た思考法を実践していました。

しかし、「できる人」にとっては当たり前でも、「まだそうでない人」にとっては当たり前ではありません。

今回お伝えしたいことを意識しながら学べている人が少ないかもしれない。そして、多くの人は、そのように学べていないというただそれだけの理由で、過去の自分と同じように「できない側」に立ってしまっているのかもしれない。

そう考えて、私はこの本を書くことにしました。

現代社会で生き残るために必要不可欠な目標達成思考

「東大生が考える目標達成思考だから、受験勉強対策法なのでは？」

そう考えた方もいらっしゃると思います。たしかに目標達成思考は、私が受験生のときにつくり上げたものです。ですが、社会人の方にも活用できると考えています。

今日において、「学び」は学生だけでなく、社会人になってからもかかわり続けていくべきものだと考えられるようになりました。

たとえば、「学び直し」を行う社会人の方が増えてきていますよね。「社会人だけど、役に立つポイントはないか」と思いながら、この本を読んでいる方もいらっしゃるかもしれません。

昔であればそのようなことはなかなかなく、「とにかく仕事だ！」と考える人が多かったのではないかと思います。それに対して今は、「学ばないといけない」という問題意識を社会に出た人たちが持つようになってきていると感じます。

あえて厳しい言葉でいうならば、「変化の激しいこの現代社会において、学ばない人はどんどん置いていかれ、社会のお荷物になってしまうかもしれない」から、ということになるでしょう。

ＡＩが台頭し、10年後には人間の仕事の多くがＡＩでも代替可能になるといわれています。昔は勝ちパターンがあった分野でも、どんどんそのパターンが通用しなくなり、変化に対応できなければ生き残れない社会になってきているのです。

偉そうにいっていますが、私も他人事ではありません。受験が終わったからといって勉強をせずに生きていくことができるわけではなく、むしろこれからの方が勉強をしていかなければなりません。


では、誰もがそのように意識して学び始めたとすると、どうなるでしょうか？　いうまでもなく、現代は自己責任が原則の競争社会ですから、ただ学んでいても結果につながらなければ意味がありません。

本当ならば、学んだことが役に立つかどうかなど意識しないで、学ぶこと、そしてその過程で思考することに喜びを見出せればそれが一番です。それこそが本来のあるべき姿であるとも思います。

でも、なかなかそうもいかないのが現実です。他者からすれば、結果が出せていないのは、何も学んでいないのと同じように映ります。つまり、今の社会でよりよく生き、なりたい自分になるために学ぶのは当たり前のことであって、それだけでは足りない、ということです。

したがって、目標達成思考によって努力の仕方を正しく考えなければならないのは、学生も社会人も同じなのです。

ここで考えておきたいことがあります。それは、「そもそも学びとは何なのか？」ということです。

みなさんは学びと聞いて、何を思い浮かべるでしょうか？

おそらく多くの人は、学校で習う「国語」「数学」「英語」といった科目、もしくは「経済学」「政治学」「生物学」といった学問を思い浮かべると思います。

でも実は、それだけが学びではありません。

たとえば、これからお話しする目標達成思考も、見方によっては学びです。数学を勉強して将来につなげるのも、この本を読んで明日からの人生に生かそうとするのも、本質的には同じことです。

要するに、「自分が成長するための活動」は、何でも学びであるといえるのです。

みなさんには本書に書かれていることを、この広い意味での学びに応用してほしいと思っています。それは、数学の勉強や英単語の暗記に活用してほしいのと同時に、明日につなげるための活動にも生かしていただきたい、ということです。そう、目標達成思考は、受験勉強以外であっても活用することができるのです。

そして、この学びの話を踏まえて考えてほしいことがあります。

そもそも今自分が学ぼうと思っていることは、本当に自分が学びたいことなのでしょうか？　学びを通じて実現したい目標を達成すれば、本当になりたい自分になれるでしょうか？

「戦略と手帳の話をする本なのに、何でそんなことを聞くんだ？」

「それって、手帳をつくる上で重要な話なの？」

そう思われるかもしれませんが、これは目標達成思考に触れる前に考えていただきたい、何より大切なことです。

学びとは、目標それ自体ではありません。学びとは、「目標を達成して、なりたい自分になるための手段」です。やっても意味がなさそうなこと、興味のないこと、理想の自分になれなさそうなものは、どれも学びになり得ません。

だからこそ、この目標達成思考という手段を実践する上では、「なりたい自分」という目標が必要不可欠になります。簡単にいえば、目標達成思考なのに目標がない状態で実践しても意味がない、ということです。

ですから、この目標達成思考を実践する前に、「日々の生活の中で、自分が本当に学びたいことは何なのか」「それを通じてなりたい自分は、どのような姿なのか」を考えてみてください。

いろいろお話をしてきましたが、「はじめに」でみなさんに一番お伝えしたいのは「正しい戦略に基づいて努力できているかどうか」が、努力が結果に結びつく・つかないを分ける差になる、ということです。

努力が結果に結びつかない原因は、努力量でも運でもありません。ただ単に、「努力を結果に結びつけるための工夫」ができていないという、本当にささいなポイントなのではないかと、私は思います。

そして、その差異に気づき、正しく学びができる人こそ、これからの時代の勝者となるのではないか、と。

最初にお伝えしたように、私は「優秀でない」「正しい思考に基づいて努力できない」人間でした。がむしゃらに、何も考えずに努力していたかつての私は、結果を出せずに苦しむことになりました。みなさんには同じ轍《てつ》を踏んではほしくないと考えています。

この本を読んでくださる方が、これまで以上に「努力」を「結果」に結びつけることができるようになっていただければ幸いです。

相生昌悟

東大式目標達成思考　目次

PART 0 「目標達成思考」とは？

PART 1

「戦略」編

SECTION1

SECTION 2

SECTION 3

PART 2

「手帳」編

PART 0

「目標達成思考」とは？

――「頑張ってるのに結果が出ない」がなくなる――

まずパート0では、「目標達成思考」とはどのようなものなのかについてご説明しようと思います。

目標達成思考――それを簡単にいうならば、「『学び』という競争で勝つための思考法」となります。「勝負を始める前に負けない」、逆にいえば「勝負を始める前に勝つ」、そういったイメージで考えるとわかりやすいかもしれません。

ちなみに、ここでの「勝つ」という言葉は、必ずしも他人に勝つという意味だけではなく、「この思考法を実践しないままでいた自分に勝つ」という意味でもあります。

そして、「はじめに」でもお伝えしたように、目標達成思考には重要なポイントが2つあります。

1つ目が「戦略」です。

本書でいう戦略とは「努力の仕方」、先ほどの言葉を使えば「努力する際に何を意識すればいいいか」ということを指すわけですが、この戦略は以下の3つの軸からなっています。

- **現状分析**
- **理想把握**
- **方法論構築**

一見すると難しい言葉が並んでいますが、それぞれの意味を簡単にいうと、以下のようになります。

現状分析：過去を踏まえ、自分は今どのようになっているのかを分析すること
理想把握：自分は今後、どうなりたいのかを把握すること
方法論構築：自分は具体的に何をすべきなのかを決定すること

本書で扱う戦略はこの3つが軸となり、これらが基本となってすべてが動いていきます。とはいえ、「現状分析」「理想把握」「方法論構築」のどれもが抽象的なものですから、これら3つだけを見ているだけでは、実際に行動に移すことはできません。

そこで必要になるのが、2つ目のポイントの「手帳」です。物事を実践できるか否か、それは時間が意識されているか否かによって決まります。ですから、我々が普段の生活の中で密接にかかわっている時間単位（年・月・週・日……）が網羅された手帳は、上記の戦略を実践する上で大きな力を発揮するのです。

具体的には、現状分析・理想把握・方法論構築それぞれに大・中・小という3つの概念を取り入れ、実践できる形に落とし込んでいきます。この大・中・小という部分には年単位や週単位といった時間の単位が当てはまっていきます。

ここまで述べてきた戦略と手帳について理解することは本書の肝になるので、もう少し詳しくご説明します。

みなさんはカーナビを使ったことがあるでしょうか？　車を持っていないという人は、電車の乗り換え案内でも構いません。どのようなツールを使ったとしても、みなさんは「どこかに行きたい」と思ったときに、次の3つのステップを経てその経路を考えると思います。

まずは、目的地を入力すること。

富士山に行きたいなら「富士山」と、東京駅に行きたいなら「東京駅」と入力し、目的地を決めますよね。このときに、目的地がなかったらどこにも行くことはできません。「うーん、とりあえずここら辺をブラブラしてみようか……」なんて考えていたらいつの間にか富士山の頂上だった、そんなことは普通に考えればあり得ません。富士山の頂上に行きたいなら、「富士山の頂上」と目的地を具体的にする必要があるのです。

次に、現在地を入力すること。

みなさんが札幌駅にいるなら「札幌駅」と、大阪駅にいるなら「大阪駅」と現在地情報を入力すると思います。「今、自分がどこにいるのか」がわからないと、どこかに行こうにもどうやって進めばいいかわかりません。東京という目的地があっても、現在地が札幌であれば南に行く必要があり、大阪であれば東に進む必要があるというように、現在地によってその後進む方向が大きく変わってきます。

そして最後は、経路を決めること。

現在地と目的地が入力できた後は、どの道で現在地から目的地までたどり着くのが自分にとって最適なのかを考える必要があります。実際に進み始める前に、「最短距離はどの道か？」「一番安いルートは？」「混雑している可能性が低いのは？」といったことを考慮しなければならないわけです。

この3つのステップが、そのまま目標達成思考の戦略になります。

- **現状を分析することは、「今の自分の場所」を理解すること**
- **理想を把握することは、「これから行きたい場所」を理解すること**
- **方法論を構築することは、「この2地点の経路」を考えること**

しかし、これだけで十分ではありません。というのも、次のような問題が実際に目的地に向けて進む中で出てくるかもしれないからです。

「もしかしたら、道が通行止めかもしれない」

目標達成思考の戦略を理解する

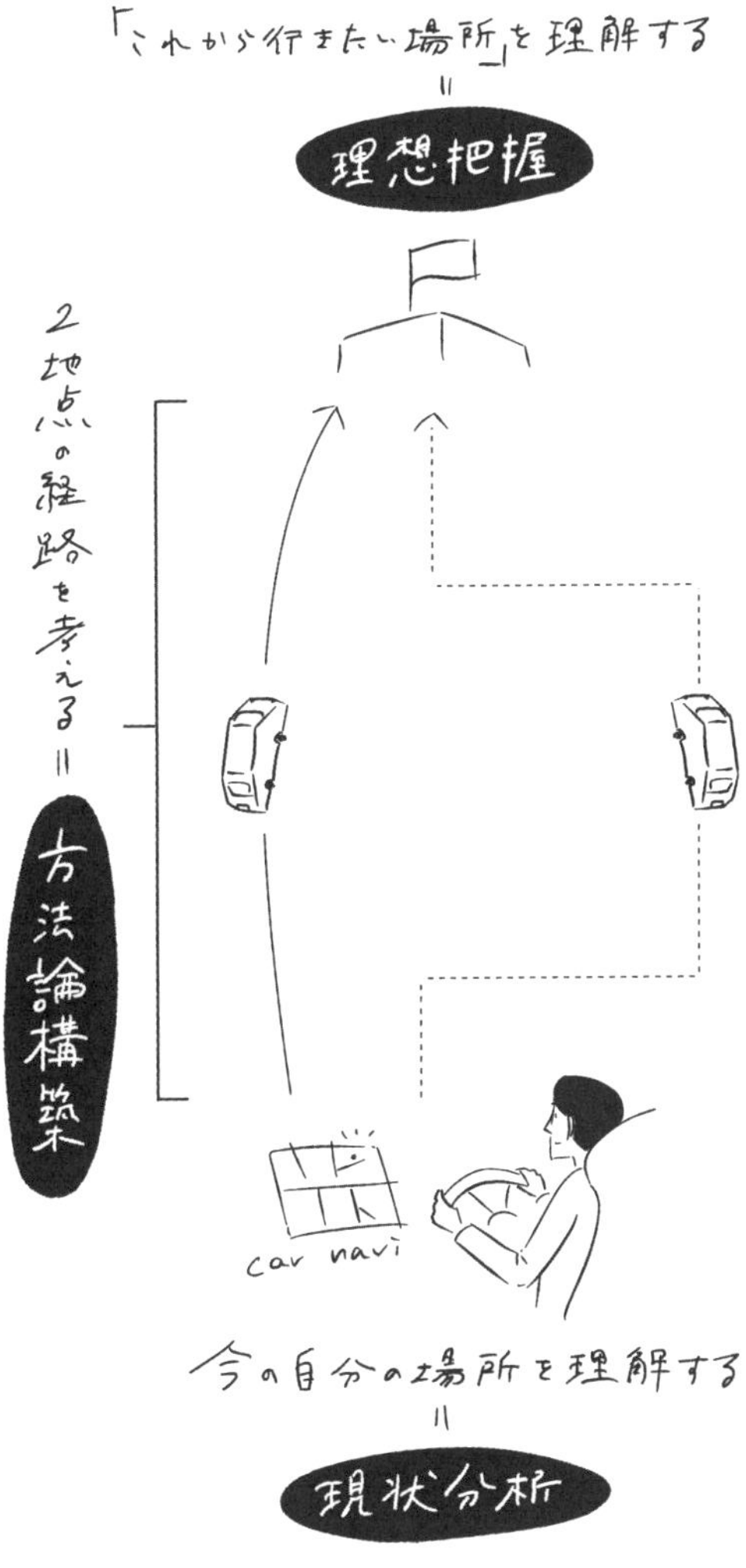

「もしかしたら、新しい道があるかもしれない」
「目的地を少し修正した方がいいかもしれない」
「現在地が、実は思っていた場所と違っているかもしれない」

こういった問題に対応するためには、現在地や目的地、経路を修正しながら進んでいくことが必要であり、それを行うには戦略だけでは不十分なのです。

では、どうすればいいのでしょうか？　そのときこそ手帳の出番です。手帳を使うことによって、1ヵ月や1週間、1日といった時間単位でこの戦略を考えたり、振り返って修正したりすることができるようになるのです。

物事にはマクロとミクロという2つのとらえ方があります。

この2つの視点が欠かせないもののよい例が、ジグソーパズルです。説明するまでもないかもしれませんが、これは大きな1枚の絵を完成させるために小さなパーツを1つひとつ組み立てていく遊びです。

ジグソーパズルをする際は、大きな枠組みとして最後のゴールである一枚絵を確認する。それと同時に、小さな枠組みとして1枚1枚のピースのつながりを確認していく必要があります。大きな一枚絵だけを見て全体をつくろうとも、小さな1つひとつのピースだけを見てつくろうともしないと思います。

これと同じように、戦略も大・中・小の3つの視点で組み立てていく必要性があるのです。大きく「1年後にはこうなっていたい！」という絵を確認しつつも、小さく「1週間後にはこうなっていたいな」と考える。この両面が大事になってくるのです。

・戦略の3つの軸
・手帳の3つの視点

この「戦略（3つの軸）」と「手帳（3つの視点）」がかけ合わされて、以下の9つの要素（3×3）を武器とした「目標達成思考」が完成します。

①大現状分析：この1ヵ月を踏まえ、自分は今どのようになっているのかを分析する
②中現状分析：この1週間を踏まえ、自分は今どのようになっているのかを分析する

③小現状分析：その日を踏まえ、自分は今どのようになっているのかを分析する
④大理想把握：自分は1年後、どうなりたいのかを把握する
⑤中理想把握：自分は1ヵ月後、どうなりたいのかを把握する
⑥小理想把握：自分は1週間後、どうなりたいのかを把握する
⑦大方法論構築：自分はこの1ヵ月、具体的に何をすべきなのかを決定する
⑧中方法論構築：自分はこの1週間、具体的に何をすべきなのかを決定する
⑨小方法論構築：自分はこの1日、具体的に何をすべきなのかを決定する

これこそが、本書が提供する目標達成思考なのです。

目標達成思考を形成する9要素

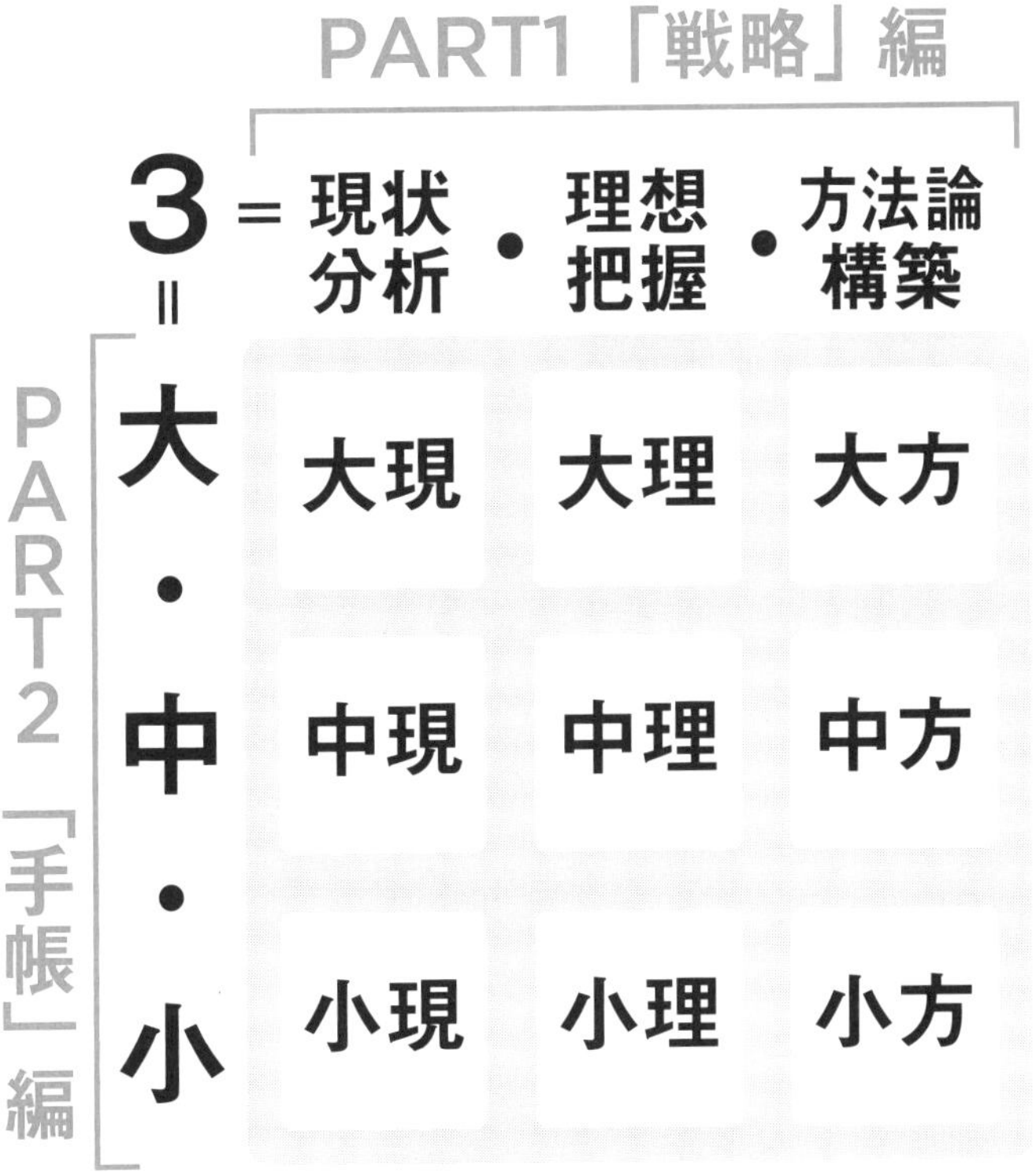

さて次からは、パート1「戦略」編、パート2「手帳」編として、目標達成思考についてより細かくお話ししていきたいと思います。

PART 1

「戦略」編

――目標達成をかなえる鍵を手に入れる――

どっちの現状分析が正解？

東大模試、
全然できなかった。
もうやる気が出ない

Cさん

東大模試はE判定だったけど、
あと5点でD判定だった。
科目別には、国語と社会は平均レベル、
英語は点が取れているが、
数学がまったく取れてなくて、偏差値が低い。
とりあえず数学を見てみると、
ベクトルと図形がとくに苦手みたいだ。
基礎レベルの確認が不十分だからだろう。
今はまだまだ遠いけど、
やるべきことをやって少しずつ進んでいこう

Dさん

SECTION

1

現状分析について

まず「戦略」編では、現状分析から話を始めていきます。

「敵を知り己を知れば百戦危うからず」といいますが、「己を知る」というのは「敵を知る」と同じ、もしくはそれ以上に大切なことだったりします。

では、本文に入っていきましょう。

正しい現状分析とは？

まず冒頭で2人の受験生を見てもらいました。もう一度確認してみましょう。

Cさん「東大模試、全然できなかった。もうやる気が出ない」

Dさん「東大模試はE判定だったけど、あと5点でD判定だった。科目別には、国語と社会は平均レベル、英語は点が取れているが、

数学がまったく取れてなくて、偏差値が低い。

とりあえず数学を見てみると、ベクトルと図形がとくに苦手みたいだ。

基礎レベルの確認が不十分だからだろう。

今はまだまだ遠いけど、やるべきことをやって少しずつ進んでいこう」


あなたはこの2人を見て、どちらが理想的だと思い、どちらになりたいと思うでしょうか？　そして、あなたは今、2人のどちらに近いでしょうか？

きっとこの本を手に取っているあなたは、Dさんのようになりたいという理想を持っていると思います。しかし、現在はCさんに近い、という方も多いのではないでしょうか？

簡単に、2人の分析をしてみましょう。


まずCさんについて。東大模試の結果があまりよくなかったようですね。また、それが原因となってやる気をなくしてしまっています。

少し抽象的にいえば、「東大模試ができなかった」とただ感情的にいっているだけで、一切等身大の自分を把握しようとしていません。自分の失敗を直視したくないから、受験から逃げようとしているのです。こういう人はお世辞にも成功しそうとは思えませんよね。

一方で、Dさんはどうでしょう。まず判定を確認し、一段上の判定までの距離がどれくらいかを分析しています。

そして、東大模試で要求される科目が国語、数学、英語、社会の4つであるという大前提のもと、東大模試を4つの科目の問題に落とし込んでいます。さらに、その中でも点数が低かった数学は、分野ごとの問題に落とし込み、苦手な分野とその理由の発見に成功しています。

セリフにはありませんでしたが、きっとほかの科目も数学と同じように問題の落とし込みをしていることでしょう。

そして最後に、等身大の自分をしっかり見つめ、前に進もうと決意しています。

「なんだよ、当たり前じゃないか」そう思われた方もいらっしゃるかもしれません。ですが、頭で思っていても、それをDさんのように実践できている人は案外少ないものです。

そもそも、きちんと実践できていれば、勉強で行き詰まることもないでしょう。「まったく実践できていない」、あるいは「不十分」のどちらかが原因で勉強が行き詰まっているのです。

努力の結果に一喜一憂する人は失敗する？

現状分析とは、すでにお伝えしたように、過去を踏まえ、自分は今どのようになっているのかを分析することですが、これを次のように勘違いする方がいます。

「自分の現状を知って一喜一憂すること」

勘違いとまではいかなくても、無意識のうちにそう考えてしまっている方は案外少なくないと思います。

しかし、現状分析とは、そういう意味ではありません。

ここで覚えておいていただきたいのは、結果に一喜一憂し続けていると、ろくなことにならない、ということです。

一喜一憂をもたらす最たる例が模擬試験だと思いますので、これを使ってご説明していきます。

すでにお伝えしていますが、私は地方の公立高校から東大に合格しました。その地域では一番の高校だったのですが、同じ高校に通う学生全員の成績がよい、というわけでは当然ありませんでした。

高校1年生の頃から受験が終わるまでには、模擬試験を受験する機会が実に20回以上ありました。その度にA判定からE判定までさまざまな結果が返ってきます。

1年生から3年生まで時期を問わず、模擬試験が返ってくる度に判定に一喜一憂。E判定をもらったとなれば、気分が落ち込んで、勉強が手につかなくなってしまったという人も少なくありませんでした。

そうした人たちの中には、月日が経っても成績が伸びず、受験も志望校を下げたり、浪人したりすることになってしまった人が多く見られました。

このように、自分の努力の結果に一喜一憂することは、その先の人生に悪い影響を与えかねないのです。

もちろん、自分がこれまで必死に努力してきたにもかかわらず、後から振り返ってみると、全然結果につながっていなかった、ということになれば、気分は落ち込んでしまうでしょう。

反対に、その努力が思った以上の結果につながっていれば、気分は高まるでしょう。それ自体は人間である以上、避けられません。

問題なのは、その感情を抱き続け、その後に影響を及ぼしすぎてしまうことです。現状分析はあくまで、これまでの自分を踏まえ、これからの自分の努力に生かすことであり、結果に喜んだり、結果に落ち込んだりすることではありません。結果への喜びや落胆といった感情を抱き続けていると、いずれにせよ、人は努力しなくなります。

そうならないためにも、現状分析を行う際には、その感情を抱いている自分と、現状を分析する自分を切り離して考えるようにしてほしいのです。

このように考えられれば、現状を分析しているときに自分の感情が介入してきませんから、自分に正しく向き合うことができます。

もちろん、感情を捨て去れといっているわけではありません。感情を捨ててしまえば、それはただのロボットです。

そうではなく、喜んだり、悲しんだりするときは思い切りその感情に浸り、等身大の自分を分析するときは忘れる。こういったケジメが大切なのです。

まとめますが、**現状分析とは、努力の結果に一喜一憂することではありません。現状分析とは、努力の結果を踏まえて等身大の自分を把握し、未来に生かすことです。**現状分析と聞いて前者の意味であると勘違いしたり、いざ現状分析する段階になると後者を忘れてしまったりする人が少なくありませんから、「自分は大丈夫」と思っている方も含めてつねに意識しておくようにしましょう。

POINT

現状分析とは、努力の結果に一喜一憂することではない

目の前の問題があまりにも大きいとき、どうする？

ではここから、現状分析を実践するためのステップを3つに分けてお話ししていきます。

おそらく、これまでまったく現状分析をしてこなかった、という方はほとんどいらっしゃらないと思います。

誰もが何らかの現状分析をし、自分がどのくらいの位置にいるのか、等身大の自分はどのような自分なのかをある程度は知っていると思います。先ほどお話しした模擬試験でもテストでも普段の生活でも、「ここができた」「ここができなかった」と何となく分析を行っているはずです。

事実、私の高校時代の同級生も、模試が返却された際には、少なくとも判定はきちんと確認していました。しかし、判定を確認するだけで現状分析が十分かといえば、決してそうではありません。

では、現状分析の質を高めるためにはまず、何をすることが必要なのでしょうか？

大きな問題を小さな問題に分解する

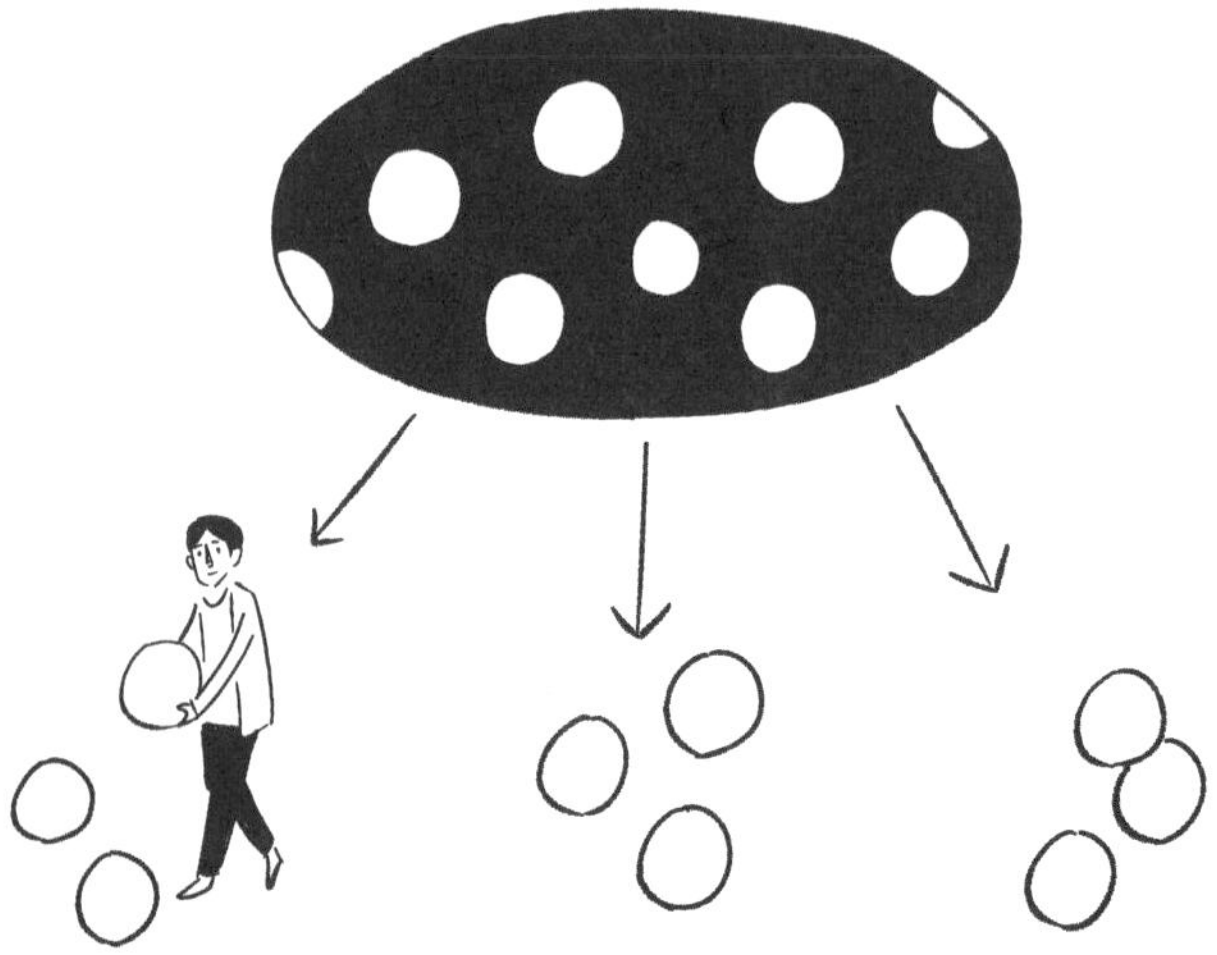

1つ目の答えが、現状分析の対象を分解してできるだけ小さな問題に落とし込むということです。

先ほど、Dさんが実践していたことですね。

人間誰しも、目の前の現状があまりに悲惨で、問題があまりに大きすぎると圧倒されてしまい、自分にはどうしようもないと感じてしまいます。

ですが、大きな問題を一気に解決しなければならないという決まりはありません。そもそも、大きな問題を一気に解決することなど、そう簡単ではありません。

100段上に上りたければ、日々2段

ずつでも1段ずつでも上っていけばいい。そうやって前に進んでいるうちに50段も100段も上っていた、なんてことはよくあります。「塵《ちり》も積もれば山となる」とはまさにこのことでしょう。

もちろん、一気に100段を上ることができるのであればそれが一番ですが、そんなことは誰にとっても不可能です。だからこそ、問題をできるだけ細かく見て、つまり足元の1段1段を見て、少しずつ上に歩いていくのでしょう。ここで、「なんで1段しか上っていけないんだ」と考える方はまずいないはずです。

現状分析をする際も、これと同じように考えます。つまり、現状分析の対象である問題があまりに大きいときは、まずその問題がどんな要素によって構成されているのかということに注目しながら、できる限り分解していくわけです。

先ほどのように模試やテストならば各科目の問題へ、科目の問題ならば分野の問題へ、分野の問題ならば基礎・応用・発展といったレベルの問題へ。

プレゼンがうまくいかなかったという問題に対しては、自分自身の問題と自分以外の問題（周囲の人や、環境など）の2つに分解する。そして、自分自身の問題については、話し

模擬試験の問題を分解する

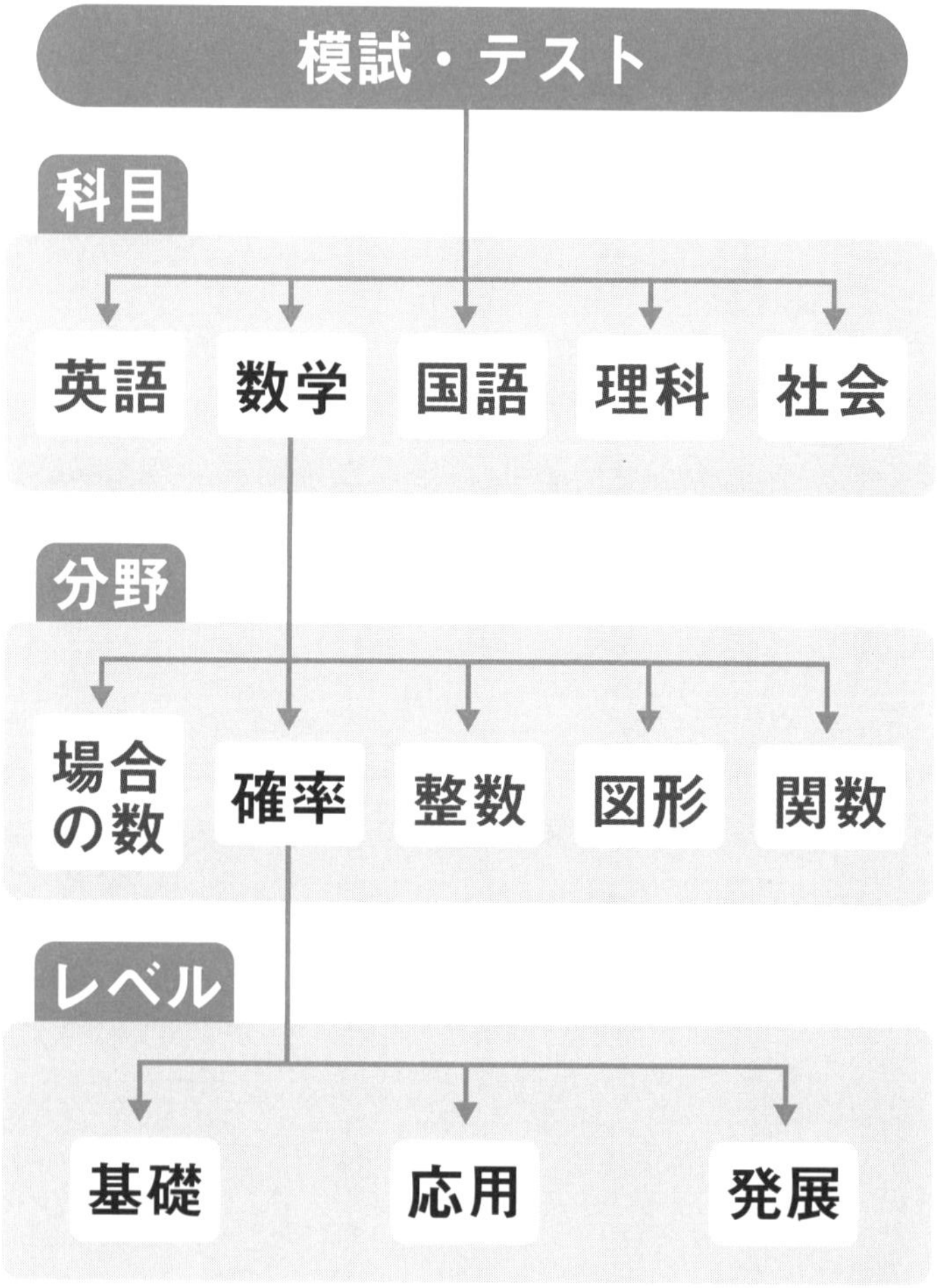

方やプレゼンの内容、プレゼンの内容を伝える順番などの問題に分解する。自分以外の問題については、自分に対策できる問題と自分ではどうしようもない問題に分解していく……このように、どんどん問題を小さくしていくのです。

これを続けることで、**最初はどうしようもないように思われたひとつの問題が、小さな問題の集合体に変わっていきます。**このようにすることで、小さい問題1つひとつに対応すればよい、という状況に持ち込むことができるのです。先ほどの階段の例と同じ構造ですね。

分解する前の大きな問題と、分解した後の小さな問題の集合体は同じものですから、前者に対応することと、後者に対応することは同じだといえます。どうしようもなく、手の打ちようがない前者と、何とか対応できそうな問題の集合体である後者のどちらに立ち向かうのが賢明かは、いうまでもないことでしょう。

ここまでの話を聞いて、「どれくらいまで分解すればいいの？」と思った人も中にはいるかもしれません。これに関しては、自分が「これなら解決できそうだな」と思える小さな問題になるまでひたすら分解する、が答えになります。

プレゼンの問題を分解する

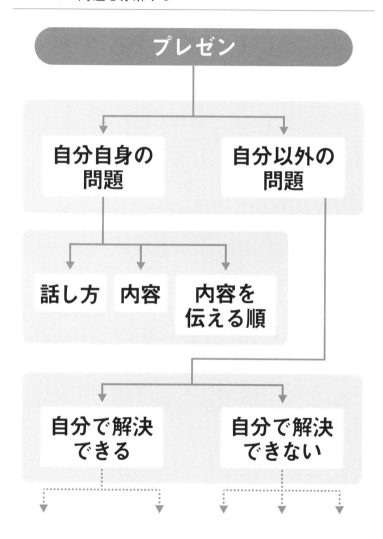

あくまで私の経験則になってしまいますが、回数を挙げるならば、トヨタ自動車が提唱した「なぜなぜ分析」と同じように、5回程度分解を繰り返せば基本的にどんな問題も解決できそうだと思えるレベルまで小さくなるでしょう。

とはいえ、もっとも大切なのは回数ではなく、自分が解決できるかどうかです。現状分析をする際には、このような問題の分解を意識することが、その質を上げるために重要であり、これがステップ1となります。

POINT　STEP1　大きな問題は、分解して解決できる小さな問題にする

失敗とは何か？

ステップ1では、目の前の問題を解決できると感じるレベルまで分解するという話をしました。ここでは、分解してできたそれぞれの問題について何をすればいいのか、というお話をしていきます。

この流れでいきなり答えをいってしまってもいいのですが、その前に今さらながらお聞きしたいことがあります。

みなさんは現状分析のことを、どのように思っているでしょうか？　自分のことを徹底的に分析するのは、お好きでしょうか？

きっと両手を挙げて「好き！」とはいえないと思います。それは何も特別なことでなく、残念なことにほとんどの人は自分の現状分析を嫌うというのが現実です。これは現状分析と切っても切り離すことのできない問題のひとつであるといってよいでしょう。

では、それは一体なぜなのでしょうか？　どうして現状分析は嫌われる傾向にあるのでしょうか？

それは、無意識のうちに現状分析を怖いと思っているからです。人間は日々の生活の中で何かしらの失敗を必ずしています。そこから目を背けることを許さずに直面させ、結果的に自尊感情を下げかねない現状分析という行為は、何よりも恐ろしいことだと無意識のうちに感じているのです。

たとえば受験勉強で、多くの受験生は自分の得意な範囲・分野を多く勉強したがります。数学が得意で楽しいからといって苦手な国語から全力で逃げ、数学ばかりする。私もかつてはそのような学生でした。

自分の失敗から逃げる場面はビジネスにおいても見られます。たとえば、自分の進めていた仕事が思うようにいかなかった……。そんなときに、自分自身は完璧だったと判断したり、自分が抱えている問題は、自分以外の問題より小さいものだったと判断したりしてしまう。そうやって主な失敗の原因を、上司や一緒に仕事をしていたパートナー、社会のシステムに見出そうとする人は案外少なくないはずです。

このように、人間は自分の精神的安定を保つために、自分のアイデンティティにかかわる失敗を消し去ろうとする生き物です。失敗に目を向けることを嫌うのはもちろん、そのとき頭に残っている失敗も忘れようとするわけですね。

しかし、成長の可能性は失敗の中にしかありません。100点満点のテストがあったとして、90点取れている数学と30点しか取れていない国語のどちらにより伸びしろがあるかなんて、いうまでもないことでしょう。自分の苦手な範囲の勉強から目を背ければ、入試への不安な気持ちを排除することはできますが、そのような姿勢では結局、合計点数が上がりません。

また、仕事の主な失敗を自分以外に見出したところで、自分以外のものは自分の力では変えられないのですから、意味がありません。もちろん、自分の上司やビジネスパートナー、社会のシステムに問題がある可能性も十分にあります。しかし、そこに文句をいっても仕方がないのです。さらに、自分が完璧であることもまずあり得ません。自分の力ではどうしようもない上司、ビジネスパートナー、社会のシステムがそろう環境の中で、唯一変えられる自分をしっかりと見つめる、それこそが成長の糧なのです。

長々とお話ししてきましたが、ここまでくればもう最初の問いの答えがわかった方もいらっしゃるかもしれません。

失敗とその理由を分析する

「日々の失敗とその理由を徹底的に分析すること」

これこそが現状分析の本質です。

最初はつらく、恥ずかしいこともあるかもしれませんが、自分の現状分析などそもそも他人に見せるような代物ではありません。失敗をいくら分析したところで、それを見ることができるのは結局自分だけです。また、失敗を踏まえることによって、その分成長の余地が生まれます。こう考えれば、自分の失敗を恥ずかしいと思っているのがバカバカしくなってこないでしょうか？

さまざまな舞台で活躍する著名人も、これをきちんと実践しています。
たとえば、テレビやラジオで多数のレギュラーを持つ南海キャンディーズの山里亮太さんは、毎日自分の反省点をノートにまとめているそうです。10年以上実践していて、60冊以上のノートがあるといいます。

これは何も山里さんだけの話ではなく、エジソンも同じようにノートを取っていたそうですし、政治家にもそのような方がいらっしゃいました。そして私をふくめた東大生も、失敗から目を背けている人はほぼいないといってよいでしょう。

成功するための秘訣として、失敗と失敗の理由をしっかりと分析することが必要なのです。それを次なる行動の指針とし続けていれば、間違いなく人は成長することができます。「失敗は成功の母」といいますが、本当にそういうものなのです。

まとめますが、**失敗は決して恥ずかしいものではありません。失敗が多ければ多いほど、それを改善した先の自分がより大きなものになるのです。細かく分解した問題それぞれに対し、失敗とその理由を分析すること。**これが現状分析の2つ目のステップであり、もっとも重要なステップです。

POINT — STEP 2　分解した問題の、失敗と失敗の理由を分析する

目を向けるのは失敗と失敗の理由だけ？

失敗は成功のもと、ポジティブに考えよう、というお話をしました。ですが、いくらそう思っていたとしても、失敗だけをずっと見つめ続けていると段々つらくなってしまい、モチベーションが下がってしまう人もいらっしゃるかもしれません。

模擬試験のお話をしましたが、やっぱりどうしても、感情的にマイナスな状態になってしまう、という人は少なくないでしょう。これでは本末転倒です。

では、どうすればよいのでしょうか？

答えは、いたってシンプルです。「できたこと」への視点を持てばよいのです。

人間誰しも失敗はしますが、同時に、きちんと達成できていることも少なくありませ

成功とその理由を分析する

ん。でもそう感じられないのは、意識というものは失敗などのマイナス面に向いてしまいやすく、できたことに対しては向きにくいからです。これを無意識のうちに捨ててしまうのはあまりにもったいない……。

これからは、自分ができなかったことへの視点に加え、できたことへの視点も意識的に持つようにしましょう。つまり、「今の自分に何ができて、なぜそれができるのか」ということを徹底的に考えるのです。こうすることで、自分に自信を持つことができ、モチベーション維持につながります。

さらに、できたことへの視点を持つメリットは、モチベーション維持以外にもあります。一般的に、成長するためにはできないことにだけ注目していればよい、と考えられてしまう傾向にありますが、これは間違っています。できたことへの視点を持っておくことは、現状分析で見つかった自分の失敗を解決するためのヒントになるのです。

先ほどもお話ししたように、できたことへの視点を持つということは、今の自分に何ができて、なぜそれができるのかを分析する、ということです。そして、このとき重要になってくるのが後者の内容です。なぜそれができるのか、その答えはまさに自分が成功できた理由にほかならないわけですから、この理由を徹底的に分析し、**自分が現状分析で発見した失敗に応用すれば、多かれ少なかれ成功に近づくことができる**のです。

POINT — STEP3 成功と成功の理由に目を向ける

モチベーションを維持すると同時に、失敗を解決すべく、成功とその理由を分析する。

これが現状分析のステップ3になります。

意味のある現状分析ができているか?

失敗と失敗の理由に加え、成功と成功の理由にも注目する、その重要性についてご理解いただけたかと思います。

では、なぜそれを手帳で行う必要があるのか。「手帳」編はパート2ですが、このことについては、ここでお話ししたいと思います。

突然ですが、あなたは誰かの話を聞いて「なるほどな〜」「今の自分の問題点に当てはまっている」と思ったことはあるでしょうか?

テレビやYouTubeなど今ではいつでもどこでもいろんな人の話が聞けますから、過去1週間のうちに一度くらいはそんな経験をしたことがあるはずです。自分のこれまでを振り返りつつ他人の話を聞き、将来の自分に生かす。こういったことも現状分析のひとつであるといえます。

では、その人が何をいっていたか、今思い出せるでしょうか?

おそらく、ほとんどの人が覚えていないのではないかと思います。これに関しては、忙しい毎日をすごしているのだから仕方がない部分もあると思いますが、せっかくよい話を聞いたのに忘れてしまっているというのは、単純にもったいないですよね。

そして実は、そのもったいないことを、私たちは気づかないうちに山ほど積み重ねています。

もしかしたら、そういったことを日常的にメモし、それを生かそうとしている人もいるかもしれません。でも、そのメモ、その後一度でも見返したことはあるでしょうか？

何かのセミナーで、パワーポイントの資料が配られるというのはよくある形式だと思います。私たちはそのセミナーの間、将来見返すかどうかなど一切考えず、そのパワポ資料のすき間にメモを必死に書いていくわけです。

でも、そのメモを見ることはそれっきりない、もはやゴミ箱に捨てたも同然、という方が大半なのではないでしょうか？

もちろん、これはテレビやYouTube、セミナーの話ではありますが、現状分析でも同じことです。一生懸命現状分析をしても、それを踏まえた生活ができていない……そこで手帳が有効なのです。

あなたは毎日会う人の名前を忘れることがあるでしょうか？
いうまでもなく、忘れないでしょう。「自分は暗記が苦手だ」そんな人であっても、友達の名前や自分の親の名前は覚えているはずです。

つまり、**物事が頭に残っているかどうかは、その内容に何回目を通したかで決まるわけ**です。その点、手帳は毎日必ず目を通すものですから、そこに現状分析を書き込んでいくことで、忘れることなく、しっかりと頭の中へ入れることができます。

結局、現状分析をしたとしても、それを繰り返し確認できるような仕立てになっていなければ、それほど意味はなくなってしまうということですね。

POINT

現状分析は、繰り返し確認できる形にしなければ意味がない

SECTION1 現状分析の振り返り

POINT1

現状分析とは、努力の結果に一喜一憂することではない

POINT2

現状分析は、繰り返し確認できる形にしなければ意味がない

STEP1

大きな問題は、分解して解決できる小さな問題にする

↓

STEP2

分解した問題の、失敗と失敗の理由を分析する

↓

STEP3

成功と成功の理由に目を向ける

どっちの
理想把握
が正解？

何としてでも東大に受かりたい！

東大に平均点合格したい。
残りの期間から逆算すると、
今の時期に数学を完成させて
おかないとまずい……。
だから、この1ヵ月で苦手な数学Aの
参考書を1冊終わらせたいな。
数学Aは大きく分けて4分野だから、
1分野を1週間で完成させていこう

Fさん

SECTION

2 理想把握について

次は理想把握です。

人間は、目的や目標があって初めて行動できますから、「理想がない」という方はいないと思います。しかし、誰もが理想を抱いているからといって、その抱き方が適切であるとは限りません。

このセクションでは、「自分がどうなりたいのか」をつかむ理想把握の仕方と、ポイントについてお話ししていきます。

正しい理想把握とは？

ここでも先ほどのように2人の発言を確認してから進めていきます。

今回は理想把握に関してですが、2人は次のようにいっていました。

Eさん「何としてでも東大に受かりたい！」
Fさん「東大に平均点合格したい。
残りの期間から逆算すると、
今の時期に数学を完成させておかないとまずい……。
だから、この1ヵ月で苦手な数学Aの参考書を1冊終わらせたいな。
数学Aは大きく分けて4分野だから、1分野を1週間で完成させていこう」

いうまでもなく、理想的なのはFさんですよね。しかし一方で、Eさんのように考えている方も決して少なくない、というのが現実です。私が通っていた高校にも少なからずこのようなタイプの人がいましたし、現在教えている高校生に関していえばほとんどがEさんに該当するのではないか、というのが正直なところです。

では、EさんとFさんの分析をしていきましょう。

まずはEさん。東大に受かりたいという意思をしっかりと持っているようで、素晴らしいことです。

こういう比較をすると、「Eさんのような理想を抱いてはいけないのか」と勘違いする方が一定数いるのですが、そうではありません。何をするにしても、まずは漠然とした理想がなければその先努力していくことは不可能です（ですから、今Eさんのような理想を持っている方はその理想を絶対に捨てないでくださいね）。ここでお伝えしたいのは、そういったあいまいな理想を描くだけでは不十分である、ということなのです。

次にFさん。Fさんにもやはり Eさんと同じように、東大に受かりたいという思いがあります。

ただ、それだけに留まっていない。まず、どれくらいの点数を取って受かりたいかを把握しています。ただ漠然と「行きたい！」と思うのではなく、点数という客観的な指標を理想に定めているおかげで、より未来のイメージがしやすくなっているように感じないでしょうか？

また、数学が課題であるという現状と自分に残された時間を踏まえたうえで、この1ヵ月、1週間でどうなりたいか、ということも把握できていますね。「東大に平均点で受かりたい」とだけいっても気が遠くなってしまいますが、それに加えて、比較的短い1週間、1ヵ月という時間単位にも理想を定めることで、自分の進みたい道が明らかになり、より現実的になっているのです。

「理想を持っていない」という方はほとんどいらっしゃらないと思います。ですがその持ち方は、多くの人がEさんのように不十分なのが現実です。このセクションを読んで正しい理想の持ち方を身につけましょう。

東大生は理想把握ができているのか？

目標を達成できるかどうかは、理想把握の仕方が正しいかどうかで決まるといっても過言ではありません。

といっても、私がそれを何度いったところで納得のいかない方もいらっしゃるでしょう。ですからその前に、東大生は適切な理想把握ができているのかについて少しお話ししたいと思います。

ひとえに東大生といっても、浪人したのちに合格最低点ギリギリで受かった人から、現役で合格平均点をゆうに超える点数を取って合格している人までさまざまいます。ですから、一概にいえないのも事実ですが、私のまわりにいる東大生の多くは、さきほどのFさんのように具体的で適切な理想把握ができているように感じます。

東大には進学振り分け制度という、大学に入学した後、大学の勉強を1年半してから学部選択を行う制度があります。

ただ、みんながみんな自分の行きたいところに進めるわけではありません。各学部・学科には底点というボーダーがあり、自分の成績がそれを上回っていないといけないのです。医学部医学科や教養学部の認知行動科学コース、国際関係論コースのような、本当に人気のある学部・学科は非常に高い成績が必要で、人によっては、東大に入った後も受験時のような勉強を続けなければならないといわれています。

私も大学に入学してから約1年半が経過し、学部を選択する時期になってきました。まわりの同級生を見てみると、この進学振り分け制度で「自分の行きたい学部に行く」という目標に向けた理想把握がよくできているなと感じます。

たとえば、農学部に行きたい友人の場合だと、農学部に行くためには何単位必要で、まわりの文系生徒が行わない実験の授業を忘れずに取らなければならない、といったことをきちんと考えています。教養学部に行きたい友人の場合だと、とにかく高い点数が必要だから1年の1学期から高得点を取る必要があり、あの授業とこの授業を取らなければならない、といったことを徹底的に考えています。そうして成績発表を今か今かと必死に待つのです。

当たり前のように感じられることばかりだと思います。ですが、理想把握を行い、自分のすべきことを1つひとつ必死に取り組んでいく。そういった姿勢が東大生のずば抜けた才能のひとつであると感じます。少なくとも私のまわりには、「適当に授業に出ていればどうにかなるだろう」と考えている人はほとんどいません。みな、それぞれの理想を持ち、それに向かって進んでいるのです。

POINT

優秀な人は理想把握を徹底的にしている

楽な理想に逃げていないか？

ここからは具体的な理想把握の説明に入っていきます。現状分析と同様に3つの実践ステップに分けて進めていきますので、そのことも意識しながら読んでみてください。

「理想を把握する」と聞くと、誰でも簡単にできそうだと感じてしまいます。ですが、実際にそれをやってみると多くの人がはまってしまう落とし穴があります。

それは「簡単な理想を立てる」ということです。

人間誰しも楽に、気分よく生きたいものです。達成感・満足感は味わいたいけれども、面倒なことはしたくない。それは私だって同じで、そう考えること自体には何の問題もありません。人間であれば、そのように考えるのは当然のことです。

問題なのは、その考えを行動に移してしまう、つまり、実際に自分の理想を甘く立ててしまうということです。もっというと、ただ生きていれば達成できそうなものだけを自分の理想にするということです。

たしかに、そうすればその理想を実現すべく苦労をする必要もありませんし、理想把握の中に位置づけている以上、実現できたときの達成感・満足感もある程度得られることでしょう。ただし、**本当の理想には少しも近づけなくてもよい、という条件つき**となってしまいます。

意外にもこのような学生は少なくありません。私は、数学の苦手な学生が多い文系だったので、以下のような人を多く目にしてきました。

「数学が苦手だから、数学の必要ない大学に志望を下げよう！」

数学をまともに勉強していないのに、数学を勉強したくないために苦手だと決めつけ、志望大学を下げるというケースが多いのです。

「お前の人生じゃないんだから、本人が自由に決めればいいだろ」

もちろん、その通りです。彼らの人生を否定するつもりなど一切ありませんし、それは

一段上の理想に向き合う

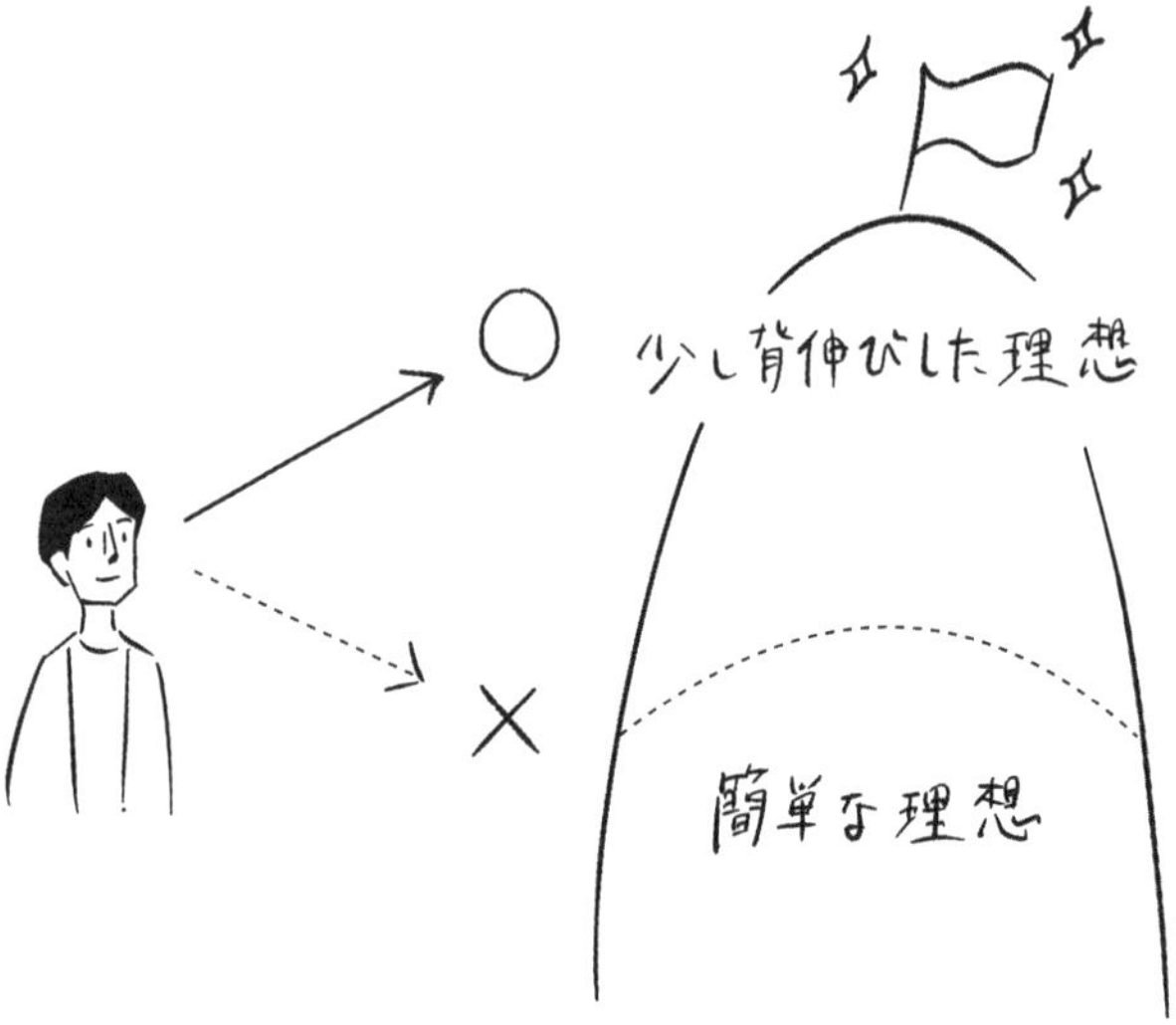

許されることではありません。ただ、きちんと勉強すれば数学が得意科目になる可能性もあったのに、勉強をする前から本当に行きたかった大学の志望をやめてしまう。言い換えれば、本当の理想を捨ててしまうのは「なんともったいないなぁ」と思わざるを得ません。

理想は、「自分には少し難しいかな」と思うくらいが調度よいのです。本当になりたい自分になるためには、自分にウソをつかず、一段上の理想に正面から向き合うことが大切なのです。

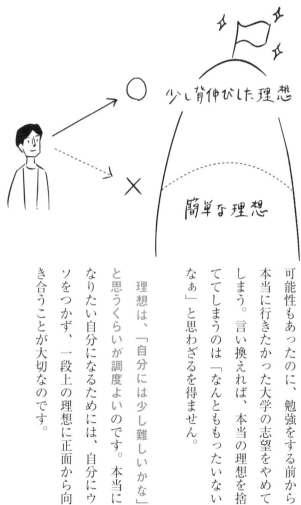

POINT ─ STEP 1　背伸びした本当の理想を把握する

その理想を描いたのは、なぜ？

「私は何で今こんな理想を描いているんだろう……？」

精神的な疲れがたまっている中で、ひとり街を歩いているときにふと抱いてしまいそうなこの疑問。そして、一定期間何も手がつけられなくなってしまう。場合によっては、もとの理想を諦め、完全に捨ててしまうことも。

あなたもきっと、一度はこのような経験をしたことがあるのではないでしょうか？

もちろん、時間的な余裕のある人はこうやって心を休めるのもいいかもしれません。ですが、余裕のない人にとってはあまり望ましいものではありません。

なぜ、このような状況になってしまうのでしょうか？　それは理想把握の段階で「な

理想の理由に目を向ける

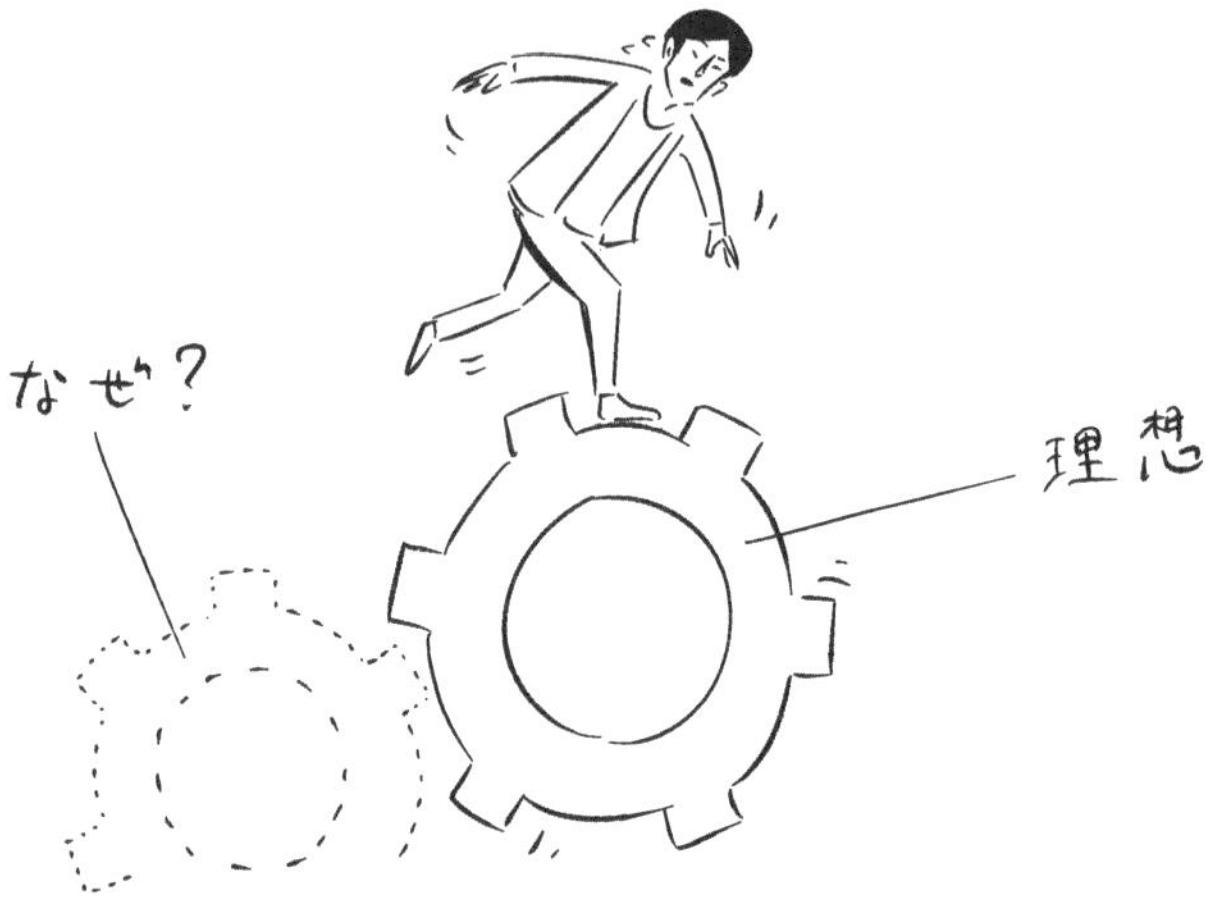

ぜ」という視点が欠けてしまっているからです。つまり、「自分は○○だからこうなりたい」というように考えられていないのです。

実際、「自分は□□大学に行きたい！」という理想はどんな学生も基本的に持っていますが、その理由を明確に意識できていることはほとんどありません。理由を軽視している人が多いのかもしれません。

また社会人の方を見ても、「今のこの仕事で頑張りたい！」という理想を抱いていても、その理由をきちんと意識されている方はそう多くないように感じます。

ですが、**この点をどれだけ明確に意識できているかどうかが、先ほどのような状況に陥らないで済むかどうか、陥ったとしてもどれだけ早く立ち直ることができるかどうかを左右します。**

ここで考えてみてほしいのですが、今抱いているさまざまな理想は自分の人生における最終的なゴールでしょうか？　ほとんどの人にとって、そうではないと思います。

私もかつては東大を志望する一受験生でしたが、東大に入学することがゴールではありませんでした。私のまわりの東大生に関しても、人生を通して大切にしたい志があって、そのために東大に入学している人がほとんどです。

今この本を読んでいるあなたもきっと同じように、理想を実現した先に見据えているものがあることでしょう。別の言い方をすれば、先に見据えているものがあるからこそ、今理想を把握し、実際に努力しているはずだ、ということです。

そして、この理想の理由を併せて把握することの重要性は、理想の大きさがどのようなものであれ、変わることはありません。「東大に受かりたい」という大きな理想であれ、

「英単語を覚えたい」という小さな理想であれ、その理由を意識しておくことで時間をムダにする可能性は大幅に低くなるのです。

また、理想の理由を考えることで、その理想が本当に適切なものなのかを判断することもできます。そこで適切でないとわかれば、最初に把握した理想を修正しなければなりません。次の簡単な例を見てみましょう。

「この仕事を頑張ろうと思っていたのは、自分の仕事で人の幸せを支えたいと思ったからだ。でも、この仕事ではそれを実現できないのではないか？」

このように、理想の理由から理想を見つめてみることで、それが適切でないとわかり、最終的に「この仕事を頑張りたい」という理想を、「この仕事を辞め、別の仕事で頑張ろう」という理想に修正することができるわけです。

まとめると、背伸びした本当の理想が把握できたら、次はその理由に目を向け、把握した理想が適切なものなのかを確認する、これが理想把握の2つ目のステップになります。

POINT STEP 2 理想の理由に目を向け、把握した理想が適切かを確認する

その理想把握は将来の現状分析につながるか？

背伸びした本当の理想とその理由が把握できたら、最後のステップに進みます。

唐突ですが、以下のような宣言をしている学生がいたとしましょう。

「今月は、数学の確率をできるようにしたい！」

きっとこの学生は1ヵ月間、確率を重点的に勉強していくことでしょう。

さぁ、1ヵ月が経過しました。ではここで、あなたがこの学生だったとしたら、理想を

達成できたかどうか、どのように判断するでしょうか？

大半の人は、「今月は確率に重点をおいて勉強したから達成だ」と思うでしょう。しかし実際は、その1ヵ月に行った確率の勉強が、理想の実現にあまり役立っていない場合がほとんどなのです。

多くの人は「来月の目標は整数だ！」と、さも確率をマスターしたかのように次の単元に進んでしまいます。

ただ、これでは勉強している感が出ているだけになってしまう。達成・未達成の基準があいまいな理想把握は、役に立つどころか、むしろ時間のムダになってしまうことが少なくありません。これまでの軸と合わせていうのであれば、このような理想把握は、後の現状分析の材料になりにくい、ということです。

では、そうならないためには一体どうすればよいのでしょうか？

その答えのひとつとして、「達成できたかできてないかが確実にわかる理想を把握する」といいでしょう。つまり、**達成の可否を明確にするために、理想を数値化する**のです。

理想を数値化する

先ほどの例でいえば、「数学の、確率の実力を上げたい。具体的には、今月末の確率の章末テストで9割を取りたいな」というように理想把握をするということです。

こういった理想把握であれば、実際に理想を実現できたかどうか、判断しやすくなります。テストの得点率のほかにも、順位や偏差値など、理想把握に使うことのできる客観的指標はさまざまです。

ビジネスでいえば、自分の理想に関するさまざまなデータを確認することが有効です。何かを学んで身につけたいと思ったときは、その内容を親しい人に説明し、理解してもらえるかどうかで理想を実現できたかどうかを確かめるのもいいかもしれません。

もちろん、抽象的な理想を持つことも悪いことではありません。人間は抽象的な思考のほうが先行しやすいですし、いきなり「具体的な数値で示された理想を持て」といわれてもなかなか考えにくいですからね。

そうではなく、ここでいいたいのは、抽象的な理想と同時に具体的な理想も併せて把握しておくことによって、その理想が実現できたかどうかが把握しやすくなる。言い換えれば、**将来の現状分析へとつながりやすくなる**、ということなのです。

POINT ― STEP3 把握した理想に客観的指標を加える

人間は短期的にしか考えられない？

ここまで理想把握のステップについてお話ししてきました。

とはいえ、誰もがそのように真面目な人間ではないですよね。サボりたくなることはあるし、将来のことなんてどうだってよくなることもある。それは人間誰もが感じるものです。なぜなら、人間はとくに「今」を大切にする動物だからです。


「時間割引の原理」という言葉はご存じでしょうか？

これは行動経済学の用語なのですが、人間は将来の利益の価値を低く感じてしまう、という性質を示したものです。

具体例を見てみましょう。

A：あなたは今、10万円をもらえる
B：あなたは1年後、10万円をもらえる

この2つに対し、たいていの人はAを選択するといわれています。要するに、「もらえるものは、もらえるうちにもらっとけ」という考えが働いてしまうのです。

しかし、よく考えてみれば、今もらえる10万円も1年後にもらえる10万円も、価値はほぼ一緒であると考えてよいでしょう（もちろん、物価上昇率などを考えると等しくはないのですが）。だからBを選択する人が多くてもおかしくはない。でもほとんどの人がAを選んでしまう。これが「時間割引の原理」です。

時間がたてばたつほど物の価値を低く感じてしまう。つまり、人間は短期的にしかものごとを考えられないのです。

ダイエットを例に考えていただければ、よりわかりやすくなります。

ダイエットを決意した人が挫折してしまう、またはリバウンドしてしまうというのはよく聞く話です。書店に行ってさまざまなダイエット法の本を買いあさったにもかかわらず、それに挑戦しようとしても多くの人が失敗してしまうわけですね。

では、こういう人の一体何が問題なのでしょうか？

それは多くの場合、理想を達成したい時期が遠すぎるからです。つまり、ダイエットを決意したのはいいものの、「1年後にやせていたい！」という遠い未来の漠然とした理想で終わってしまうから、その日の夜からおやつを食べてしまうのです。

この例からもわかっていただけると思いますが、人間というものはもともと短期的にしか考えられません。何よりもまずこの事実を受け入れ、短期的に理想を立てていくことが大切なのです。

短期的に考えることによって生まれるメリットもあります。

当然ですが、理想が短期間なものであればあるほど、その理想としては比較的達成しやすいものが設定されますよね。ダイエットの例でいえば、「来週までに30キロ減らす！」といったバカげた理想を立てる人はまずいないでしょう。

これに加えて、短期的な理想は文字通り「短期的」なので、その期限が長期的な理想よりも早くやってきます。つまり、理想が実現できているかどうかがすぐに判断できるわけです。

この2点から何がいえるでしょうか？　それは、短期的な理想を把握することによって、自分の立てた理想を着実に実現できている満足感・達成感をより得やすくなるということです。自分の理想が実現できて満足感・達成感を覚えない人はまずいないと思いますが、その機会が増えるわけです。

当然のことですが、ある理想を達成するために努力することは多くのエネルギーを必要とします。そのため、先ほどのダイエットの例でもお話ししたように途中で挫折する人も多く現れます。

しかし、そうなっていては目標を達成することはできません。そうならないためにも、短期的な理想を把握し、実現する中で達成感・満足感を獲得し、次のより大きな理想を実現するモチベーションをつくり続けていくことが大切なのです。

では、具体的にどれくらいの時間単位で理想を考えればいいのか、という話になるのですが、その答えはパート2の「手帳」編でお話ししようと思います。

POINT

短期的な理想の実現は、長期的な理想の実現につながる

SECTION2　理想把握の振り返り

POINT1

優秀な人は理想把握を徹底的にしている

POINT2

短期的な理想の実現は、長期的な理想の実現につながる

STEP1

背伸びした本当の理想を把握する

↓

STEP2

理想の理由に目を向け、把握した理想が適切かを確認する

↓

STEP3

把握した理想に客観的指標を加える

どっちの
方法論構築
が正解？

1カ月で英単語帳を3周しよう

Gさん

1ヵ月で英単語帳を
きちんと1周しよう。
前半の内容はもう大体頭に入っている
からこの月の最初の1週間で
終わらせてしまうとして、
残りの3週間で後半部分に
取り組もう。
単語数は◯個だから、1日あたりは
□個だけ確認するようにして……

Hさん

SECTION

3 方法論構築について

最後は方法論構築です。

カーナビやスマホアプリのように、一瞬で道のりが出れば何の問題もないのですが、ここに関しては自分で作成しなければなりません。

というと、「難しいのかな」と思われてしまうかもしれませんが、お伝えするステップとポイントを踏まえれば、誰でもできるようになります。では、本文に入っていきましょう。

正しい方法論構築とは？

まず、ここでも2人の発言に耳を傾けてみましょう。

今の自分はどちらに近いか、よく考えながら読んでみてください。

Gさん「1ヵ月で英単語帳を3周しよう」

Hさん「1ヵ月で英単語帳をきちんと1周しよう。
前半の内容はもう大体頭に入っているから
この月の最初の1週間で終わらせてしまうとして、
残りの3週間で後半部分に取り組もう。
単語数は○個だから、1日あたりは□個だけ確認するようにして……」

GさんとHさんの見ている世界はまったく違いますね。

Gさんに関しては、1ヵ月という時間単位での方法論は構築できていますが、その先がまったくありません。これでは、きちんと達成できるか怪しい感じがします。

さらに、もうひとつ問題点があります。それは3周という内容です。もちろん、英単語帳によっては薄いものもあるので断定はできません。しかし、一般的に英単語帳は分厚いものが多く、そのようなものを1ヵ月という時間で3周もしようとするのは非現実的です。それに、Gさんには、ほかに取り組まなければならないものがたくさんある可能性が高いのですから。

少し話は逸れますが、ここで覚えておいていただきたいのは、**何かに取り組んでいると**

いうことは、言い換えれば、それ以外のことに取り組めていない、ということです。学生であろうと、社会人であろうと、使うことのできる時間は限られているのですから、「今、自分のしようとしていること（あるいは、していること）は、本当に今すべきことなのか？」という意識をつねに持っておくことが大切です。

次はHさんです。まず、1ヵ月で1周という、ある程度現実的な方法論を立てていますね。この点はGさんと対照的です。さらに自分の特性をきちんと踏まえ、単語の確認にどれくらい時間がかかるのかを把握した上で、より小さな時間単位まで取り組むべきことを落とし込めています。

あくまで私個人の経験談ですが、ほとんどの方がGさんに近いように思います。それどころか、Gさんよりひどい方も少なくありません。それはどういったものかというと、時間単位も、どれくらいの量に取り組むかも考えず、「単語がやばいから英単語帳をしよう！」といった程度にしか考えていない人が案外いるのです。

ですが、そのような方も心配ありません。これからお伝えしていくことを押さえていけば必ずできるようになります。

自分を甘やかしていないか？

では、実際に方法論構築を進めていくためのステップを3つに分けてお話ししていきます。パート0でお伝えしたように、方法論構築では具体的に何を実践していくのか、ということを決めていきます。つまり、ほかの軸である現状分析・理想把握と比べて、より自分の生活にかかわってくる軸である、ということですね。

ここでも問題になってくるのが、人間は往々にして自分に甘い生き物である、ということです。

これも私の経験上の話になるのですが、学生の大半が、自分のやるべきことを具体的に書き出す際に、2つか3つしか書き出しません。5つも書いていればとても珍しいといえるでしょう。そして、それすらも実践できていない場合がほとんどです。

このように、人間は無意識のうちに自分を甘やかしてしまうわけです。

もちろん、ものによっては非常に長い時間がかかってしまう場合もあります。とはい

自分のすべきこと・したいことをすべて書き出す

え、今自分のすべきこと・したいことが、2つや3つしかないことはまずあり得ません。

実際に、あなたが今具体的にしたいと思うことはどれくらいあるでしょうか？　紙に書き出してみてもいいですし、頭の中で思い浮かべるだけでも構いません。自分を甘やかさず、素直にやってみてください。

どうでしょうか？　そう少なくはなかったでしょう。

繰り返しになりますが、人間は自分に甘い生き物です。ですから、何か行動を起こすためには、自分を追い込むことが必須になってきます。方法論構築に関していうのであれば、今していただいたように、まず**自分のすべきこと・したいことを思いつく限りすべて書き出す**必要があります。

方です。

そうはいっても、なかなか思いつかない、という方もいらっしゃるかもしれません。

そのような方に意識してほしいのは、現状分析の中でもお伝えした「分解」というやり方です。

たとえば、「受験勉強」「プレゼン」という大きなくくりの言葉から、「自分のすべきこと・したいことを考えろ」といわれても、それほど多くは思いつきません。

ですがそれを、セクション1の「目の前の問題があまりにも大きいとき、どうする？（51ページ参照）」でお伝えしたように、より細かな要素の集合体にまでどんどんと落とし込んでいけばどうでしょうか？

それぞれで自分のすべきこと・したいことをひとつ発見するだけでも、合計すれば相当な数になります。

また、このようなやり方で方法論構築を進めていくと、それまで見えていなかったことを発見できるようになります。

とはいえ、これを続けていくと永遠に見つかってキリがない、という状況になってしまう可能性もあります。そのため、どこかのタイミングでストップする必要があります。基準としては「こんな量、自分にこなせるのか？」と心配になるくらいがちょうどよいでしょう。この段階での目的は「自分を追い込むこと」ですから、その点を見失わないようにしてくださいね。

POINT ── STEP1 自分のすべきこと・したいことを思いつく限り書き出す

本当にすべきこと？ 本当にしたいこと？

自分のすべきこと・したいことを分解して思いつく限りすべて書き出したら、次はそれぞれの関係を見ていきます。

ここでのポイントは見出しの通り「本当にすべきこと・したいことなのか」を考えるということです。さらにいえば、これを通して「あるひとつのことをやったら、それ以外の

方法論の関係性を考える

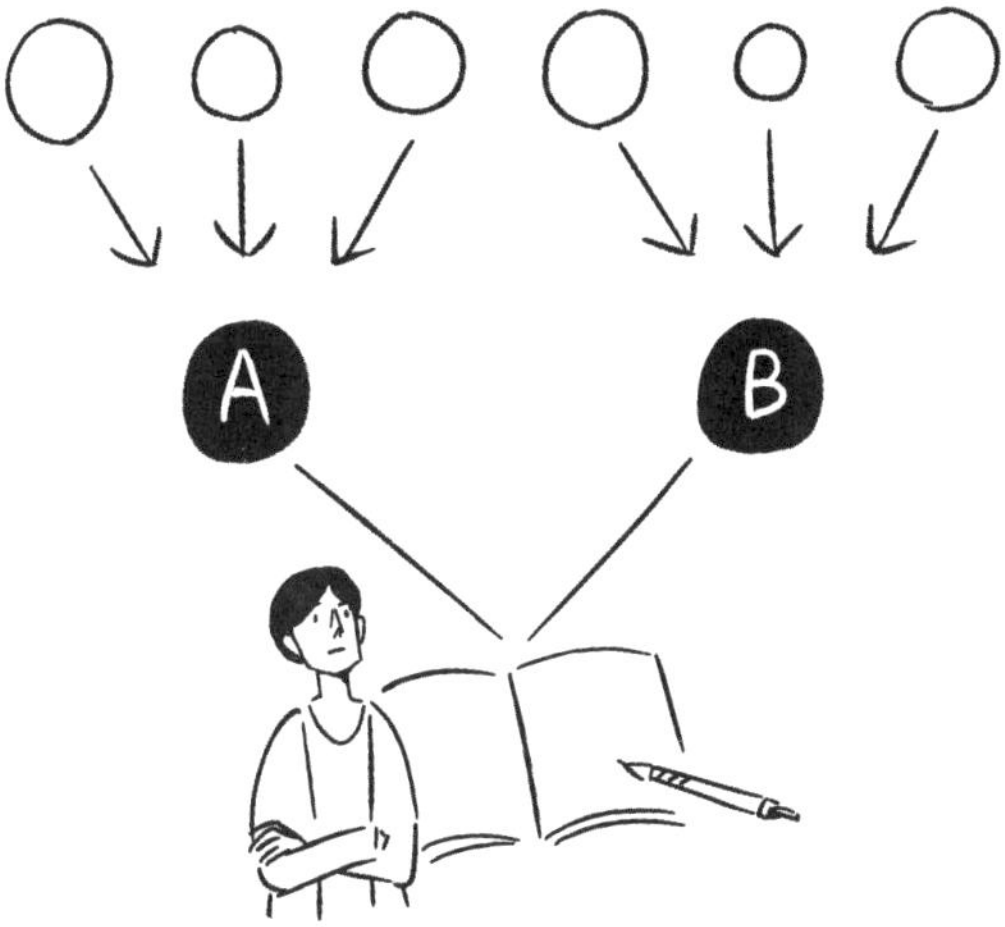

 こともこなしてしまっていた」という状況にしてしまおう、ということです。

英語を例に考えてみましょう。

分解した結果、方法論構築が以下の4つに分かれたとします。

①英語長文→長文問題集や過去問
②英文解釈→英文解釈問題集
③英単語→英単語帳
④英文法→文法参考書や文法問題集

もちろん、すべてをこなせるのであればそれに越したことはありませんが、そうはいかないことが多いでしょう。

そこで考えるのが、これら4つの関係性です。

まず、英単語と英文法というのは、英語における基礎であり、重要な土台としての役割を果たします。そして、この2つが組み合わさって文となり、そうやってできた短めの文を解釈していくのが英文解釈です。最後に、その短い文が集まり、多くの文章の塊となって英語長文が完成します。

では、これを踏まえたうえで、この4つを学習したい人がひとつだけ学習するとすれば、どれを選べばよいでしょうか?

そう、英語長文です。英語長文を学習すれば、多かれ少なかれその基礎となる英文解釈や、さらにその基礎となる英単語、英文法も学習することができます。こうすることで、やるべきことを4つから1つに減らすことができるのです。

もちろん、この例は英文解釈、英単語、英文法をある程度学習していることが前提です。

なお、方法論の数を無理やり減らすべきだといっているわけではありません。英語長文、英文解釈、英単語、英文法、すべて取り組めるのであればそれが一番よいに決まっています。

ただ、我々が学びに使うことのできる時間は限られています。思いつく限り書き出した自分のすべきこと・したいことそれぞれの関係を考え、無理してまでやらなくてもよいことを見つけられれば、ムダな努力を減らすことができるのも事実です。

「やらないのが一番！」、当たり前すぎて忘れられがちな視点ではありますが、だからこそ、日々意識できているかどうかが大きな差を生んでいくのです。

POINT

STEP2 それぞれの方法論の関係性を考え、できる限り数を減らす

その方法論の優先度はどの程度か？

「そんなことといったって、減らせる数には限りがあるでしょ？」

こんな声が聞こえてきそうですが、もちろん、ここからきちんと減らしていきます。

当然物事には優先度というものがあり、それをもとに何を実際に行動に移していくか、考えなければなりません。

では、どのような観点で優先度を考えていけばよいのでしょうか？

前提として、自分のやる気の入り具合であったり、好きか嫌いかであったりと、人それぞれ重視したい観点はあるでしょうから、それを捨てろとはいいません。そのせいで実践できなくなってしまっては本末転倒ですからね。

ただし、以下の2つの観点は必ず考慮するようにしてください。

①時間はどのくらいかかるか？

かつて、私の知り合いにこのような方がいました。

「今日、全科目勉強する予定だったけど、大好きな難しい数学の問題集をやってたら1日が終わっちゃったよ」

彼に欠けている観点、それは時間です。つまり、「これを実践する場合、どれくらいの時間がかかるのか？」ということを考えられていないのです。

「時間がどのくらいかかりそうか」を考える

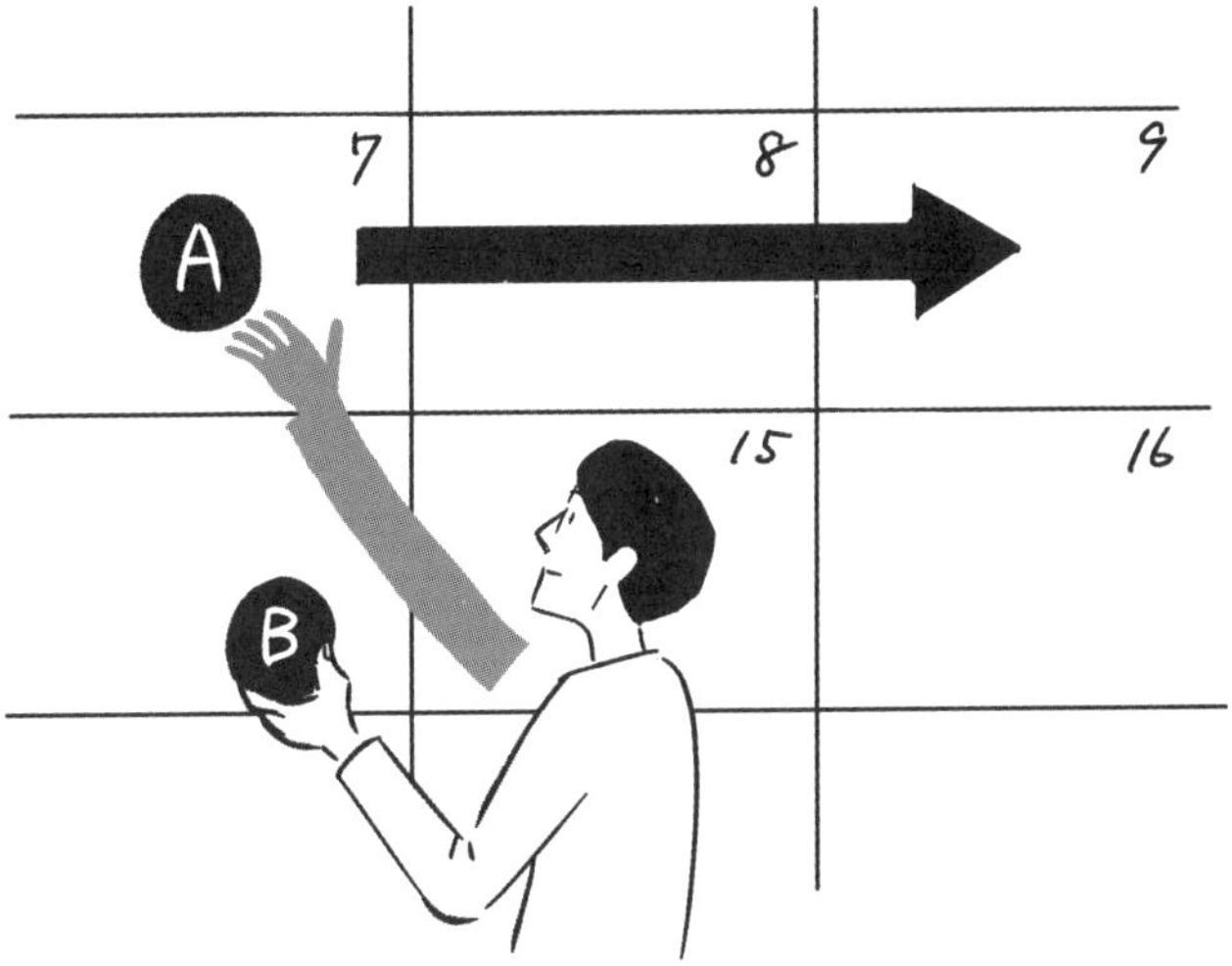

当たり前のことですが、学生、社会人にかかわらず、使うことのできる時間は1日24時間までと限られています。ですから、構築したそれぞれの方法論をこなすのに、自分はどれくらい時間がかかってしまうのか、ということは日々生活する中でつねに意識しておかなければなりません。

上記の彼でいえば、数学以外の科目も勉強しなければならないのにもかかわらず、「好き嫌い」という観点を過度に重視してしまい、結局数学しか勉強できていません。きっと彼は、次の日も数学の問題集にかなりの時間をかけることでしょう。もちろん、数学だけやっていればよいという状況ならば問題ありませんが、発言を見る限りそうではありません。このような勉強をずっと続けていては、なかなか志望校に合格するのは難しそうですよね。

つまり、方法論構築を行う際には、**自分の使える時間と、すべきこと・したいことをこなすのに必要な時間の両方を考えなければならない**のです。

とはいえ、最初はどれくらい時間がかかるかなどわからないものです。ですから、最初は何となくでいいので予想しながら進め、それをこなした後に、実際にかかった時間を日々の現状分析としてメモするようにしましょう。こうすることで、次第にかかる時間を正確に予想できるようになっていきます。

②現状を解決し、理想にどれだけ近づけるか？

もうひとつの重要な観点が、それをこなすことでどれだけ自分の現状を解決し、理想に近づけるか、ということです。

「理想にどれだけ近づけるか」を考える

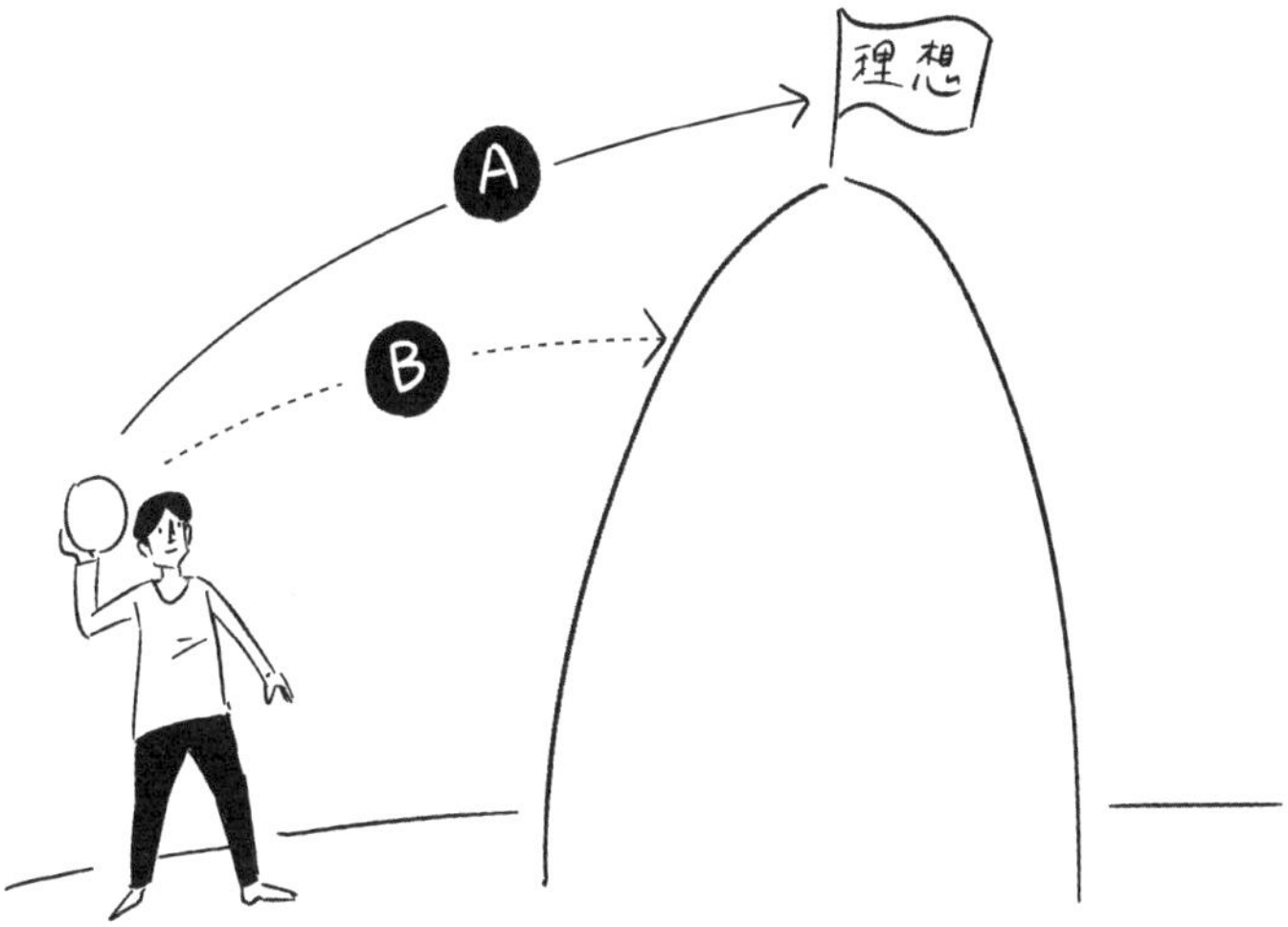

極端な例ではありますが、数学の配点が900点、英語の配点が100点で合計1000点満点の難関大学に合格したいという理想があるとしましょう。そして、現状で数学が半分程度しか得点できていないとします。このような場合、100点しか配点がない英語で得点するために英単語帳を回すことは得策ではありません。それよりも、900点もの配点がある数学でより高い得点を取れるよう、数学の難しい参考書を進める方が明らかに理想に近づけますよね。

繰り返しになりますが、誰にとっても時間は有限であり、こなせることも限られています。**自分の努力がムダにならな**

いように、自分の立てた方法論がどれだけ自分を現状から理想へと連れて行ってくれるのか、考えていきましょう。

POINT STEP 3 時間と理想との距離から優先度を考える

その方法論構築に余裕はあるか？

まず自分のすべきこと・したいことを書き出し、それぞれの関係性を考えながら減らして、最後に優先度を考える、という3ステップについては、ご理解いただけたでしょうか？

ここからは、3ステップ以外の、方法論構築を実践する際のポイントについてお話ししていきます。まずは、方法論構築の「余裕」に関する内容です。

ここまで自分のすべきこと・したいことを減らしてはきましたが、それでも自分の思った通りにすべてこなすことはできません。人間ですから気分の問題もあるでしょうし、何か不測の事態が起こることもあるでしょう。そんなとき、自分の方法論を毎日キッキッに入れていたとするとどうなるでしょうか？

自分のすべきこと・したいことがどんどん後回しにされて溜まっていき、その多さに圧倒されて、場合によってはやる気を失いかねませんよね。そうならないためには、自分の方法論に時間的な余裕を持たせておくことが大切です。

たとえば、毎日寝る前の1時間は、その日やる予定だったけどまだできていないことをする時間にする、という方法があります（もう終わっていれば休憩の時間にする）。このようにすれば、毎日できなかったことが次の日に後回しにされて溜まっていく可能性は低くなります。それに、寝る前に1時間休憩したいというモチベーションが生まれ、その時間までに、やるべき予定を終えてしまおうという気にもなれますよね。

また、1週間のケジメをつけやすい日曜日には、やるべきことを入れすぎない、という方法もあります。構築した方法論が思った通りに進まないと最初から見越しておき、1週間単位ですべきこと・したいことを日曜日に回収してしまう、ということですね。

「でもこれって、さっきの話と矛盾しない？　結局、方法論は自分が無理そうだと思う量にした方がいいのか、余裕を持たせた方がいいのか、どっちなの？」

勘が鋭い方はこのように思われたかもしれませんが、結局大切なのはバランスです。

先ほどの例でいえば、余裕を持たせるために、ある程度空き時間を寝る前や日曜日に設けておく一方で、そのほかの時間においては少々無理をする、という形になります。つまり、自分にとって負荷のかからないような方法論はできる限り構築せず、同時に、負荷がかかりすぎるようにもしないというのが、自分との上手な付き合い方なのです。

> **POINT**
> 時間的な余裕を持たせた方法論構築を行う

方法論を修正するのは悪いことか？

一度、方法論を構築したら、つまり、自分のすべきこと・したいことを決めたら最後、一切修正したがらない人がいます。なぜなのでしょうか?

それは、修正することが自分の失敗を認めることと同じ意味だと感じているからです。現状分析のセクションで「人は失敗に目を向けたがらない」という話をしましたが、一度決めたことを修正するという行為は、その一種であると見なされているわけですね。

自分の方法論が間違っているにもかかわらず、それを認めたくないために一切修正することなく勉強を進めていけば、一体どうなるでしょうか?

もしかしたら、間違いをずっと認めないどころか、そんな自分にも気づかないまま失敗する、ということもあるかもしれません。

また、間違いを認めようとしても修正が間に合わない、という場合もあり得ます。極端な話、自分の方法論の間違いを認め、修正して勉強しようと決意した日が本番の前日であったとしたら、普通の人は間に合いません。

一度決めたことの修正を拒み、目的と手段を混同したために起きたこのような状況……当然誰だって陥りたくはないはずです。一体どうすればいいのでしょうか?

答えは簡単です。**少しでも間違っていると思った段階で修正をすればよいのです。**間違っていることが明らかになるのを待つ、そんな受動的姿勢で行動するのではなく、自分から間違っていることはないか、よりよい方法論はないかを、無理やりにでも探そうというような能動的姿勢で臨むのです。

人間には、自分の思考だけで何もかもが完璧にわかると思い込んでしまう傾向がありますす。しかし、実際は思考を行動に移してみて初めてわかること、見えてくることも少なくありません。理想を実現するためには、最初に構築した方法論を頑固に貫き続けるよりも、それらを考慮して方法論を構築し直し、ふたたび実践していく方がよりよいのは、いうまでもないことでしょう。

まとめになりますが、最初の段階で方法論の構築を完璧にしようと努力する必要はありません。大切なのは、最初の段階で構築した方法論の質を高める努力よりも、つねに改善点がないか探し続け、見つかった段階でもとの方法論を修正する努力なのです。

POINT
つねに改善点がないか探し、修正し続ける

SECTION3 方法論構築の振り返り

POINT1

時間的な余裕を持たせた方法論構築を行う

POINT2

つねに改善点がないか探し、修正し続ける

STEP1

自分のすべきこと・したいことを思いつく限り書き出す

↓

STEP2

それぞれの方法論の関係性を考え、できる限り数を減らす

↓

STEP3

時間と理想との距離から優先度を考える

3つの軸のつながり

さて、ここまで現状分析・理想把握・方法論構築それぞれについてご説明してきました。そして、パート1の締めくくりとして、これら3つの軸の関係性についてお話ししたいと思います。

方法論構築の3つのステップで少しお話ししたのですでにお気づきの方もいらっしゃるかもしれませんが、現状分析・理想把握・方法論構築それぞれは、決して無関係ではありません。ゆえに、目標達成思考を実践する際にも、これらの関係を意識しておく必要があります。

次ページの図を見てください。これが3軸の関係と順番になります。

まず、最初に行うのが現状分析です。

3つの軸の関係と順番

努力する内容がどんなものであれ、とりあえずは自分の現状を分析し、等身大の自分を知らなければ話になりません。現状を分析することによって、方向性のずれていない理想を把握でき、その先の方法論を構築することができるようになるのです。

次に行うのが、理想把握です。

最初の現状分析さえきちんとできていれば、このステップは必ずうまくいくでしょう。というのも、最初に分析した現状を裏返せば、最低限その分は理想といえるようになるからです。

たとえば、「英語の長文で多く失点してしまっている。その原因は、英単語をあまりインプットできていないからだろう」という現状分析ができたとしましょう。この場合であれば、その内容をひっくり返して「英単語をきちんとインプットして、長文での失点を抑えられるようにしたい」という理想把握をすることができます。

これが、現状分析を裏返せば理想把握ができるということの意味です。

ただし、忘れないでほしいのは、このような理想把握で十分だといっているわけではない、ということです。

現状分析を裏返してできる理想把握は最低限のものにすぎません。「現状分析でわかった課題を解決し（=裏返し）、さらに◯◯のようになりたい」といえることがベストなわけですから、自分に楽をさせることなく、この形を目指していきましょう。

そして最後に行うのが、方法論構築になります。

方法論構築とは、「具体的に何を実践していくのか」を決めることでしたから、それ自体が単独で存在することはあり得ません。具体的な行動というのは、ある現状があり、そこからある理想を実現するための手段として生まれてくるものなのです。

「自分はこれまで、現状や理想なんて考えずに行動していたな」

そのような方も、実際は意識していないだけで、無意識のうちに何らかの現状と理想を踏まえた行動をしていたわけですね。

しかし、現状・理想をきちんと意識して行動を考えるか、意識しないで何となく行動を考えるかで、その行動が結果に結びつくかどうかは大きく変わってきます。いうまでもなく、現状・理想を強く意識しつつ、その両者をつなぐ方法を考えた方が、目標を達成できる可能性は高くなるのです。

要するに、方法論構築をするときは、「現状分析でわかった課題を解決し、描いた理想を実現するためには何をすればいいのか」ということを、強く意識しなければならないわけです。

せっかく現状分析と理想把握をしたのに、そこで満足して終わってしまい、最後の方法論構築で適当にやることを決めてしまった……それでは何の意味もありませんから、注意してくださいね。

PART 2

「手帳」編

——目標達成を実現させる道筋を描く——

目標達成思考が変えてくれた未来

パート1では「戦略」編ということで、「現状分析」「理想把握」「方法論構築」の3軸についてお話ししてきました。

そしてここからは、それらを具体的に「手帳」に結びつける、言い換えれば、時間という概念を戦略に組み込んでいく方法をご紹介していきます。

戦略編を読んで、「自分にできるかな？」と思われた方もいらっしゃるかもしれません。ですが、ここからより実践しやすい形にしていきますから、しっかりとついてきてくださいね。

最初に、私の手帳に関するエピソードをお話ししておきたいと思います。

「はじめに」でも少し触れた通り、私は地域で一番の公立高校から東大に合格しました。ですが、高校入学当初から校内でトップを走り、そのままストレートで東大に進学することができたのかといえば、決してそうではありませんでした。

当時の私は、地元の公立中学校からトップの成績で高校に合格したこともあって、「これまでと同じように勉強していれば楽勝に決まっている」と調子に乗っていたところがありました。

しかし、現実はそう甘くはなかった。さすがに高校となると、県内の各中学校の優秀な生徒が集ってきますから、成績は伸び悩み、中学校ではトップを走り続けていたにもかかわらず、高校での成績はその過去がウソであったかのようなものに……。

今振り返ってみれば、それは何も考えていなかったからだとわかります。ただ、当時の私は自分の何が問題なのか、さっぱりわかりませんでした。自分の問題がどこにあるのかを考えてすらいなかったかもしれません。

でも、人間って誰もがそのようなものなのかもしれません。ほかの人の目から見れば明らかにわかることであっても、自分の目からはわからないことが少なくない。だから、それを教えてくれる人と人との出会いに価値があり、ときにその出会いが人生の転機になるわけです。

こんな私に転機をもたらしたのは高校2年の夏、ある人からの言葉でした。

「がむしゃらにやっているだけじゃまったく意味ないよ」

この言葉に大きな衝撃を受け、何日もかけてかみ砕いていく中で、「努力の量だけでなく、努力の仕方が大切なんだ」という結論に行き着き、自分の問題を認識するに至ったのです。

そしてそれから、これまでお伝えしてきた「戦略」をつくり出し、それを実践するために「手帳」を活用するようになりました。

何か少しでも改善点が見つかれば修正し、よりよいものにしていく。修正さえも楽しみに変え、積極的に改善点を探してまた向上させていく……。

そんな「目標達成思考」のもとで努力を続けていたら、いつの間にか高校内でトップの成績を取るようになっていました。さらに、二次試験に対応した大学別模試は高校2年の秋でA判定、高校3年では全国1位をはじめとした一桁の順位を取れるようになっていました。

もし仮に、この目標達成思考と、そのきっかけをくれたあの言葉がなかったとしたら、今私は東大にいなかったと思います。

現状分析・理想把握・方法論構築という戦略をたずさえ、手帳の上で飛び跳ねるようにペンを走らせ、思う存分思考をめぐらせる。ほかでもないその過程こそが、私の未来を変えてくれたのです。

手帳はもう時代遅れ？

まず私の手帳に関するエピソードについてお話ししましたが、このように感じている方もいらっしゃるかもしれません。

「どうしてスマホがあるのに手帳をわざわざ使ったのか？」
「スマホの機能を使えばいいのでは？」

たしかに、現代のスマートフォンには、メモ機能やカレンダー機能、アプリがありますから、本書でお伝えすることは、わざわざ手帳を使わなくても実践できなくはありません。
ですが、そうであっても私はパソコン・スマホではなく、手帳を使うべきだと考えています。

理由はいくつもあるのですが、一番は手帳を使用することによって、**自由に思考をめぐらせることができる**という点です。

スマホに備えられたメモ機能やカレンダー機能はたしかに便利ですが、書き込んだことを自由に線でつないだり、色分けしたりすることはできません。それに、記録する内容1つひとつに込められた思いを反映する、たとえば大切だと思うことを何重にも囲んで文字に感情を込めることもできません。

スマホを使用することにより、記録する内容が形式的なものになり、人間性が失われてしまうわけです。

「線でつないだり、感情を込めたりできることがそこまで大切なのか？」

そう、これが大切なのです。

人間は、私たちが思っているほど賢い生き物ではありません。物事を体系的にとらえていると頭では思っていても、実際に書き出そうとしてみると何も出てこなかったり、新たな発見があったり、なんてことは日常茶飯事でしょう。

つまり、人間が頭の中で考えられることなど、そうしっかりしたものではないということです。

ですから、考えを整理するときには、実際に頭の中に思い浮かんだことを紙面上やパソコン・スマホの画面上にアウトプットし、そのアウトプットしたものをつないだり、消したり、囲んだりといろいろいじる必要があります。そうやっていじる過程で初めて、それぞれの考えの関係性や、重要性が把握できていくわけです。アウトプットする中で初めて思考したことが整理されるという話は、どこかで耳にしたことがある方もいらっしゃるかもしれません。

では、この過程で、つまりアウトプットしたものを踏まえて自由に思考をめぐらせる過程で、自由に線でつなげなかったり、感情を込めにくかったりといった障害があったらどうでしょう？　その分、思考を整理することが難しくなりますよね。これでは、時間をかけても意味がありません。

したがって、目標達成思考を思う存分実践するためには、さまざまな障害のあるパソコン・スマホの機能ではダメなのです。そう、手帳を使用するのが一番だということです。

とはいえ、パソコン・スマホよりも手帳のほうがよい、というのは論理的に証明できることではありませんから、ここでどれだけご説明したとしても、その説得力には限界があります。

それなので、「手帳の優位性があまりわからない」という方は、だまされたと思って一度試してみてください。きっと、手帳のよさがわかっていただけると思います。

POINT

目標達成思考には紙の手帳がベストである

PDCAを通して考えたい時間という概念

もうひとつ、戦略と時間の話を始める前にお話ししておきたいことがあります。それは、目標達成への実効性や作業の効率化に寄与するフレームワークといわれてきた「PDCA」についてです。さまざまな場面、分野で活用されていますから、ご存知の方も多いかと思います。

PDCAとは、もともと品質管理や生産管理を円滑に行うために考えられた「Plan（計画）」「Do（実行）」「Check（検証）」「Adjust（調整）」の4つのステップを特徴とする手法です。

近年注目を浴び、ビジネスや企業運営、そして教育、勉強などにも持ち込まれるようになりました。

文部科学省をはじめとする政府もPDCAに注目し、教育の場面での導入を積極的に進めたり、大学になかば強制的に導入させたりするようになっています。学生と話していても「日々の勉強とPDCAを合わせている」という声が聞こえてきます。このようにPDCAを実践することにより、目標がより達成しやすくなる、と考えている人が多くいるわけです。

しかし、残念なことに、PDCAを回しても成果が得られない事例は少なくありません。たとえば、先ほどお伝えした文部科学省の政策に関しては、まったくといっていいほど成果が出ていません。残ったのは、PDCAをただ回してきたという事実と自己満足だけでした。

みなさんの中にも、「PDCAで頑張ろうとしたけれど、上手くいかなかった」という経験がある方もいらっしゃるのではないでしょうか。

では、どうしてPDCAではうまくいかないのでしょうか？

答えは実に簡単で、PDCAがそこまで万能な手法ではないからです。

というと、驚かれる方もいらっしゃるかもしれませんが、PDCAはそもそも品質管理、生産管理を効率的に行うために編み出されたものです。ですから、他の分野で応用できなくてもなんら不思議ではありません。逆に、世の中であまりにも騒がれすぎたと考えることもできますよね。

では、具体的に何が問題なのでしょうか？

これに関してはさまざまな問題があると思うのですが、私が一番の問題だと思うのは、「ＰＤＣＡは時間がきちんと意識されたものではない」ということです。

たとえばですが、「よし、じゃあＰＤＣＡを回そう！」と考えたとして、その計画をいつまでに達成するかをきちんと意識している人はどれくらいいるでしょうか？　また、いつ実行（Ｄ）から検証（Ｃ）に移行するかを決めている方がどれほどいるでしょうか？

おそらく多くの人は、「とりあえずやってみよう」ということでＰＤＣＡを回そうとしているのではないかと思います。果たして、それで結果が出るでしょうか？

ＰＤＣＡの４文字だけを見てしまうと、「ただ４つの行為を回せばいい」と思えてしまい、どのような時間単位で計画（Ｐ）を立てたり、調整（Ａ）をしたりすればいいのかがわかりません。つまり、「ＰＤＣＡをやってみよう」と考えることは、計画（Ｐ）でしかないわけです。

もちろん、うまくできる方もいらっしゃるでしょうし、それこそ最初から「いつやるのか」が定められている品質管理や生産管理などにおいてはうまくいく部分もあったのでしょう。

しかし、複雑性を伴った、かつ複数の目標を同時に追う行為の場合、時間という概念が明白には内在していないPDCAだけでは対応不可能です。

極端な例ですが、「TOEICで800点得点したい！」と「英単語帳を覚えたい！」という2つの理想があったとして、これを同じ時間軸で語ることができるでしょうか？

一般的に考えれば、前者は1年単位や半年単位の理想（1年後や半年後に実現したい）である一方で、後者は1ヵ月単位の理想（1ヵ月後に実現したい）です。それなのに、この2つの理想を同じ時間軸で語ることはできませんよね。

しかし、こんな当たり前のことであっても、PDCAを使っていれば意識されなくなってしまう危険性があるわけです。

このように、PDCAには大きな問題があり、目標達成に最適化されたものとはいえないのです。

長々とＰＤＣＡの話をしてきましたが、そもそも、なぜこんな話をここでしたのかおわかりでしょうか？　ＰＤＣＡの問題点をお伝えすることで、あることが浮かび上がってくるからです。

それは、目標達成に向けて努力するときに、時間を意識することがどれだけ重要か、という点です。

ＰＤＣＡと、本書でお伝えする目標達成思考とは、似て非なるものであり、その差にこそ目標達成に向けた努力の仕方の神髄があるのです。

POINT

ＰＤＣＡは、目標達成に最適化されたものではない

戦略に時間を取り入れる

お待たせしました。ここからは本題である、「戦略」を構成する3軸それぞれに、時間という概念を組み込んでいく説明に入っていきます。

まずは、目標達成思考に基づいてつくられた手帳の実例の一部をご覧いただこうと思います（136〜141ページ参照）。

というのも、最初にゴールをお見せすることで、これからどんな内容が説明されるのかをイメージすることができるようになり、本文の理解がよりスムーズになるからです。

手帳に書かれている内容自体には注目しなくても構いませんから、何となく「こんなところに注目して実践するのか」「ここまで深く取り組むのか」といったことを感じながら、軽く眺めていただければと思います。

小理想 国語の入試：一般的な解き方の確立→年に関係なく、得点を安定させる。6割程度／数学：問題演習で未知の問題への対応力向上→入試に近づけていく／暗記作業の継続：知識問題で得点を落とさない＋記述問題への対応力向上。知識問題は9割以上／土日の模試：総合偏差値70以上でA判定	
小現状 学校の後、友人と休憩したので自習時間が予定より減った →この時間は減らしたくないので、それを踏まえた予定が必要	国語は少し解き方がわかった。ついついフィーリングが入ってくるので注意／ 大学の先輩が○○○といっていた→たしかにそうかもしれない。反省
小現状 数学の問題が簡単だったので、すべて達成できたが、家に帰ってからはあまり勉強できない →自習をある程度してから帰るようにした方がよい。21時ごろまで？	国語の過去問：単語がまだ覚え切れていない。単語がわかっていないと話にならないので、模試前までに単語の確認を一通りした方がよいか。割と古典は単語で押し切れる？
小現状 家は寝る場所としたのがよかった。集中して勉強できた →定期的に環境を変えてリフレッシュすることが必要かもしれない	国語の過去問：古典と現代文は関係ないと思っていたが、本質は同じなので、解き方も変わらないといえそう。相互に「国語」として学ぶ姿勢／ 数学：問題集のレベルが低いので変更した方がよい
小現状 レベルの高い問題集は見つかったが、ここまでやる必要があるかは疑問。模試で確認。とりあえず模試まで数学はやらなくてよい／	国語はとりあえずはビジョンが見えたので、このまま模試にいってみる

週間 手帳フォーマット 受験版その1(月曜〜木曜)

中方法論
過去問5年分程度が目安(解き方が確立できるまで続ける)/
数学問題集1日5題程度/世界史教科書5冊1日1章程度確認/
英単語帳・漢字—4分の1程度確認(1ヵ月で1周)
※模試前なので臨機応変に

8 10 12 14 16 18 20 22 24

月 Mon							
[予定]	学校	自習	帰	夕食	自習	休	
[実際]	学校	休	自習	帰	夕食	自習	休

小方法論
国語過去問1年分→○/数学5題→△3題/世界史→○/英単語・漢字→○

8 10 12 14 16 18 20 22 24

火 Tue							
[予定]	学校	休	自習	帰	夕食	自習	休
[実際]	学校	休	自習	帰	夕食	自習	休

小方法論
国語過去問1年分→○/数学5題→○/世界史→○/
英単語・漢字→○

8 10 12 14 16 18 20 22 24

水 Wed						
[予定]	学校	休	自習	帰	夕食	休
[実際]	学校	休	自習	帰	夕食	休

小方法論
国語過去問1年分→○/数学5題→○/世界史→○/
古典単語(40ページ中20ページ)→○/英単語・漢字→○

8 10 12 14 16 18 20 22 24

木 Thu						
[予定]	学校	本屋	自習	帰	夕食	休
[実際]	学校	本屋	自習	帰	夕食	休

小方法論
数学の新しい問題集の調達/国語過去問1年分→○/世界史→○/
古典単語(40ページ中、残りの20ページ)→○/英単語・漢字→○

小理想

国語の入試：一般的な解き方の確立→年に関係なく、得点を安定させる。6割程度／数学：問題演習で未知の問題への対応力向上→入試に近づけていく／暗記作業の継続：知識問題で得点を落とさない＋記述問題への対応力向上。知識問題は9割以上／土日の模試：総合偏差値70以上でA判定

小現状

英語：見た感じ行けそうではあるが、最近触れていないのでどうか。模試で確認／
世界史・地理などの知識系は入っているので、そこで落とすことはなさそうか？／
数学はかけている時間的に落とせない／
国語は、解き方が使えるかどうかを確認

小現状

国語：古典が課題。過去問演習と単語確認はしていたが、練習が少なすぎるため、まだ対応できない。限界もありそうなので、はやいところで古典の勉強は切り上げてもよいかもしれない。とりあえず今月は検討期間と設定する。現代文は当てにしなくてよい／
数学：おそらく満点に近い。ただ、難易度がかなり低かったので、上位層は全員取ってくるはず。差はつかない。これまでかけた時間を考えても取れて当然

小現状

英語：リスニングと小説の得点率が低すぎる。時間の余裕にともなうゆるみ・先入観のある読解で小説ミスか。リスニング下読みを5分と設定していたが間に合わず、長時間集中できなかったことでリスニングミスか。他は満点に近い。小説とリスニングでも同様の方向性で検討／
地理：データ判別でミス、点数が吹き飛んだ。地理的思考力を上げるか、データを覚えるか→時間ないし、覚えた方が自分には合っているから、後者か

中現状

やることはとりあえず達成。国語の解き方はまだ少し研究が必要。数学は難易度を上げていく方向で進めるが、他の科目を見る限り優先度は低い。模試内の知識問題ではほとんど点を落とさなかったので、暗記作業はこのまま継続していく（暗記には地理のデータも追加）。

喫緊の課題は英語のリスニングと小説。他形式の問題と同じ方向で検討してビジョンが見えるまで続ける

週間 手帳フォーマット 受験版その2(金曜〜日曜)

中方法論 過去問5年分程度が目安(解き方が確立できるまで続ける)／数学問題集1日5題程度／世界史教科書5冊1日1章程度確認／英単語帳・漢字―4分の1程度確認(1ヵ月で1周)
※模試前なので臨機応変に

金 Fri

	8–16	16	16–20	20	21	22–24
[予定]	学校	休	自習	帰	夕食	休
[実際]	学校	休	自習	帰	夕食	休

小方法論 模試前：全科目を軽く確認

土 Sat [模試 1日目]

	8–15	15	16–18	18–20	20	21	22–24
予定	模試	帰	休	復習	夕食	復習	休
実際	模試	帰	休	復習	夕食	復習	休

小方法論 模試1日目：国語と数学／復習

日 Sun [模試 2日目]

	8–15	15	16–18	18–20	20	21	22–24
予定	模試	帰	休	復習	夕食	復習	休
実際	模試	帰	休	復習	夕食	復習	休

小方法論 模試2日目：英語と世界史・地理／復習と今後の方向性決定

メモ

大方法論

英語：英単語帳２冊、文法参考書１冊、英文解釈１冊／国語：週３程度で過去問。模試直前はもう少し増やして。演習とは別に、基本事項の確認も過去問の巻末付録で行う／地理：教科書３冊回す。半分程度進めたい。使えそうな記述はノートに書き出し／世界史：教科書４冊回す。メインの２冊は今月で１周以上。地理と同じ。大記述問題は塾の予習・復習のみで／その他、暗記事項や数学の演習

2	3	4	5	→ 中現状
9	10	11	12	→ 中現状
16	17	18	19	→ 中現状
23	24	25	26	→ 中現状
30	31	1	2	→ 中現状

大現状

今後の方向性決定はできた。もう模試はないので、自分で区切りを設ける必要あり／英語：暗記作業は完了。ただ、模試で小説とリスニングがやばいとわかったので、ここに力を入れる／国語：模試には間に合わなかった。同じ方向性で継続はするが、古典に関しては、どこかで諦めも必要になる可能性あり。来月半ばで１回検討／地理・世界史：模試で効果を発揮したので、教科書回しは継続。加えて、地理はデータ暗記が必要

来月へ →

月間 手帳フォーマット 受験版

大理想 →		中理想 →		
東大合格。センター試験と二次試験で450点以上		今月末の模試に合わせた全科目の調整＋模試を通した今後の方向性の決定／模試で偏差値70を超える／各科目・分野で一般的な解き方の確立／社会は記述問題に暗記で対応できるように教科書の文言を暗記。基本事項の暗記は終了させる		
小理想 →	中方法論	29	30	1
小理想 →	中方法論	6	7	8
小理想 →	中方法論	13	14	15
小理想 →	中方法論	20	21	22
小理想 →	中方法論	27	28	29

メモ

現状分析を実践する——時間を取り入れる

まず現状分析です。

時間の話をする前に、「戦略」編でお話しした現状分析の実践ステップについて軽く振り返っておきましょう。

STEP1：大きな問題は、分解して解決できる小さな問題にする
STEP2：分解した問題の、失敗と失敗の理由を分析する
STEP3：成功と成功の理由に目を向ける

一応これだけである程度実践できる形にはなっているのですが、そうはいっても、いつやるのかがはっきりとしていなければまだ不十分なのも事実です。

たとえば、私がここで「上記のステップを参考に、あとは自分がやりたいときにしていただければ十分！」なんていってしまったら、きっと多くの方は実践しないと思います。それではこの本を手に取っていただいた時間がムダになってしまいます。

また、いつ検証（C）を行うかがわかりにくいPDCAとも変わりないものになってしまいます。「いつかやろうはバカやろう」とはよくいったものですよね。

しかしだからといって、「いつやるか？　今でしょ！」という気もありません。「すぐにやろう！」という気合いは大切だと思いますが、それではなかなか実践できないということもあると思います。適切なタイミングで、適切な進め方をしないといけないのです。

つまり、いつ現状分析を行うかあらかじめ決定し、その上で進めていく必要があるということです。時間をきちっと決めておくことは、本来怠惰である人間に行動を起こさせる強制力を持っています。この時間意識をどれだけきちんと持ち、徹底できているかどうかが、現状分析の成功・失敗を決めるといっても過言ではありません。

では具体的に、どのような時間単位で現状分析を行っていけばよいのでしょうか？

その答えは以下の通りです。

大現状分析：この1ヵ月を踏まえ、自分は今どのようになっているのかを分析する
中現状分析：この1週間を踏まえ、自分は今どのようになっているのかを分析する
小現状分析：その日を踏まえ、自分は今どのようになっているのかを分析する

つまり、月単位・週単位・日単位という3つの時間単位で現状分析をしていけばいいということですね。いろいろなスパンでの現状分析を試してきましたが、私としてはこの3つのスパンが一番わかりやすく、続けやすいのではないかと考えています。

なお、大現状分析・中現状分析・小現状分析を手帳に取り込むと、次ページのようになります。

週間 手帳フォーマット 受験版その1（月曜〜木曜）

中方法論 過去問5年分程度が目安（解き方が確立できるまで続ける）／数学問題集1日5題程度／世界史教科書5冊1日1章程度確認／英単語帳・漢字—4分の1程度確認（1ヵ月で1周）
※模試前なので臨機応変に

小理想 国語の入試：一般的な解き方の確立→年に関係なく、得点を安定させる。6割程度／数学：問題演習で未知の問題への対応力向上→入試に近づけていく／暗記作業の継続：知識問題で得点を落とさない＋記述問題への対応力向上。知識問題は9割以上／土日の模試：総合偏差値70以上でA判定

		8–16	16–				
月 Mon	［予定］	学校	自習	帰	夕食	自習	休
	［実際］	学校	休 / 自習	帰	夕食	自習	休

小方法論 国語過去問1年分→○／数学5題→△3題／世界史→○／英単語 漢字→○

小現状 学校の後、友人と休憩したので自習時間が予定より減った
→この時間は減らしたくないので、それを踏まえた予定が必要

国語は少し解き方がわかった。ついついフィーリングが入ってくるので注意／大学の先輩が○○○といっていた→たしかにそうかもしれない。反省

火 Tue	［予定］	…	休
	［実際］	…	休

小方法論 国…英…

小現状 数学の問題が簡単だったので、すべて達成できたが、家に帰ってからはあまり勉強できない
→自習をある程度してから帰るようにした方がよい。21時ごろまで？

国語の過去問：単語がまだ覚え切れていない。単語がわかっていないと話にならないので、模試前までに単語の確認を一通りした方がよいか。割と古典は単語で押し切れる？

> その日を踏まえ、自分は今どのようになっているのかを分析する

水 Wed	［予定］	…			食	休
	［実際］	学校	休 / 自習	帰	夕食	休

小方法論 国語過去問1年分→○／数学5題→○／世界史→○／古典単語（40ページ中20ページ）→○／英単語・漢字→○

小現状 家は寝る場所としたのがよかった。集中して勉強できた
→定期的に環境を変えてリフレッシュすることが必要かもしれない

国語の過去問：古典と現代文は関係ないと思っていたが、本質は同じなので、解き方も変わらないといえそう。相互に「国語」として学ぶ姿勢／数学：問題集のレベルが低いので変更した方がよい

木 Thu	［予定］	学校	本屋	自習	帰	夕食	休
	［実際］	学校	本屋	自習	帰	夕食	休

小方法論 数学の新しい問題集の調達／国語過去問1年分→○／世界史→○／古典単語（40ページ中、残りの20ページ）→○／英単語・漢字→○

小現状 レベルの高い問題集は見つかったが、ここまでやる必要があるかは疑問。模試で確認。とりあえず模試まで数学はやらなくてよい／

国語はとりあえずはビジョンが見えたので、このまま模試にいってみる

週間 手帳フォーマット 受験版その2（金曜〜日曜）

中方法論 過去問5年分程度が目安（解き方が確立できるまで続ける）／数学問題集1日5題程度／世界史教科書5冊1日1章程度確認／英単語帳・漢字—4分の1程度確認（1ヵ月で1周）
※模試前なので臨機応変に

小理想 国語の入試：一般的な解き方の確立→年に関係なく、得点を安定させる。6割程度／数学：問題演習で未知の問題への対応力向上→入試に近づけていく／暗記作業の継続：知識問題で得点を落とさない＋記述問題への対応力向上。知識問題は9割以上／土日の模試：総合偏差値70以上でA判定

金 Fri	［予定］	学校	休	自習	帰	夕食	休
	［実際］	学校	休	自習	帰	夕食	休

小方法論 模試前　全科目を軽く確認

小現状 英語：見た感じ行けそうではあるが、最近触れていないのでどうか。模試で確認／世界史・地理などの知識系は入っているので、そこで落とすことはなさそうか？／数学はかけている時間的に落とせない／

国語は、解き方が使えるかどうかを確認

土 Sat	［模試 1日目］	模試	帰	休	復習	夕食	復習	休
		模試	帰	休	復習	夕食	復習	休

小方法論 模試1日目：国語と数学／復習

小現状 国語：古典が課題。過去問演習と単語確認はしていたが、練習が少なすぎるため、まだ対応できない。限界もありそうなので、はやいところで古典の勉強は切り上げてもよいかもしれない。とりあえず今月は検討期間と設定する。現代文は当てにしなくてよい／数学：おそらく満点に近い。ただ、難易度がかなり低かったので、上位層は全員取ってくるはず。差はつかない。これまでかけた時間を考えても取れて当然

日 Sun	［模試 2日目］	模試	帰	休	復習	夕食	復習	休
		模試	帰	休	復習	夕食	復習	休

小方法論 模試…

小現状 英語：リスニングと小説の得点率が低すぎる。時間の余裕にともなうゆるみ・先入観のある読解で小説ミスか。リスニング下読みを5分と設定していたが間に合わず、長時間集中できなかったことでリスニングミスか。他は満点に近い。小説とリスニングでも同様の方向性で検討／地理：データ判別でミス、点数が吹き飛んだ。地理的思考力を上げるか、データを覚えるか→時間ないし、覚えた方が自分には合っているから、後者か

> この1週間を踏まえ、自分は今どのようになっているのかを分析する

メモ

中現状 やることはとりあえず達成。国語の解き方はまだ少し研究が必要。数学は難易度を上げていく方向で進めるが、他の科目を見る限り優先度は低い。模試内の知識問題ではほとんど点を落とさなかったので、暗記作業はこのまま継続していく（暗記には地理のデータも追加）。
喫緊の課題は英語のリスニングと小説。他形式の問題と同じ方向で検討してビジョンが見えるまで続ける

月間 手帳フォーマット 受験版

ただし、ここで注意してほしい点があります。

それは、これら大・中・小の3種類の現状分析が、無関係ではないということです。現状分析で考えるとわかりにくいかもしれませんので、まずは時間単位で考えてみましょう。

1週間という期間は1日7回分を指しますし、1ヵ月という期間は1週間4〜5回分を指しますよね。これら3つの時間単位の関係を見てみると、小さい時間単位が集まって大きな時間単位になっていることがわかると思います。このような関係が3種類の現状分析についても当てはまるのです。

要するに、小現状分析が7つ分まとまってできたのが中現状分析であり、中現状分析が4〜5つ分まとまってできたのが大現状分析となるということです。

毎日の反省、つまり小現状分析をきちんとできている、という人は少なからずいるかもしれません。しかし、それを1週間単位、1ヵ月単位でこなせている人はほぼいないと思います。

そもそも、日々反省することの目的は何でしょうか？　それは「等身大の自分を知り、

現状分析と時間単位

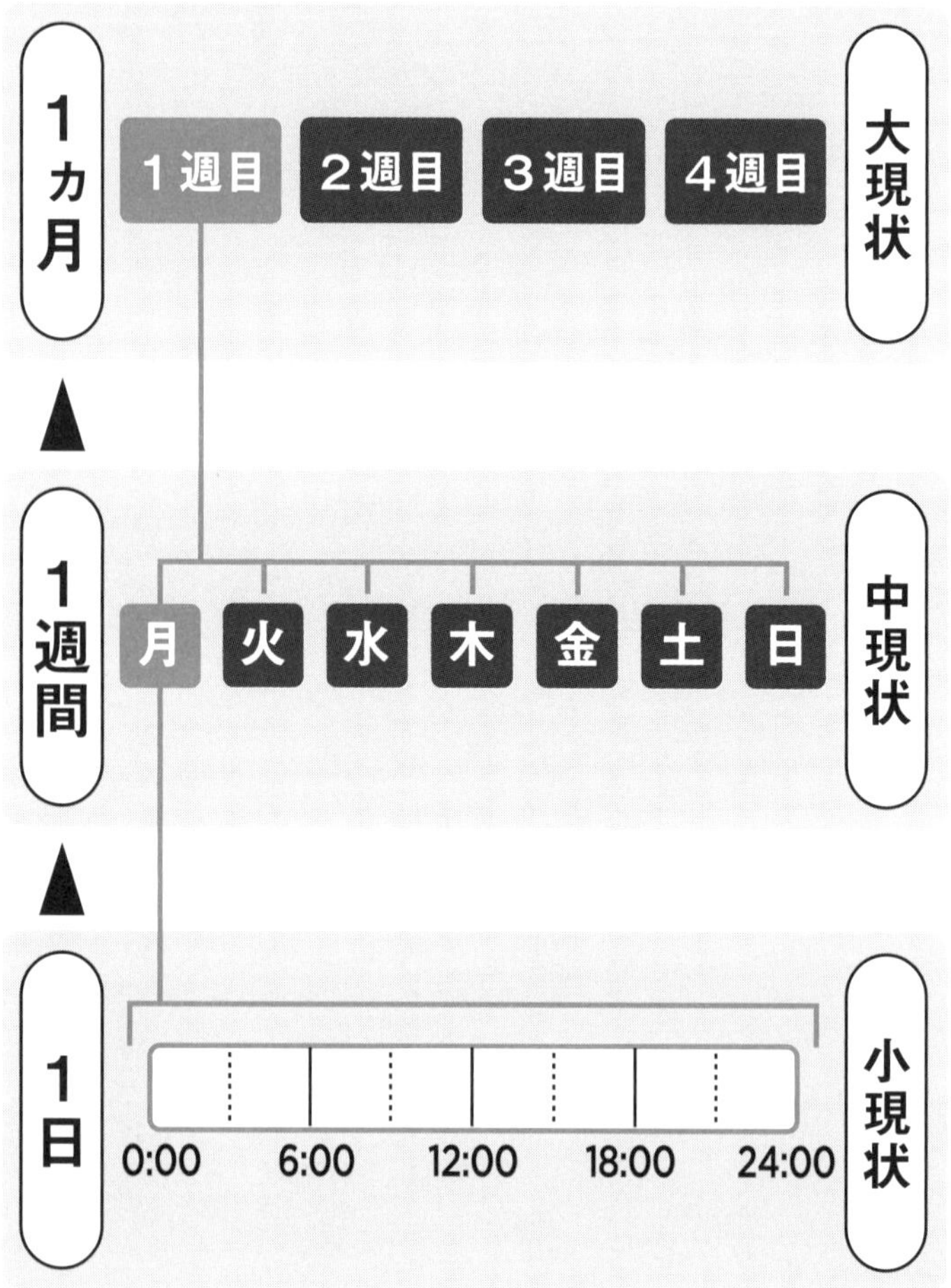
1カ月
1週目
2週目
3週目
4週目
大現状
1週間
月
火
水
木
金
土
日
中現状
1日
0:00
6:00
12:00
18:00
24:00
小現状

未来に生かすため」ですよね。

しかし、まとまっていない1日単位の反省が山ほどあるという状態で、それらすべてを生かすことは果たして容易なことでしょうか？ もちろん不可能ではありませんが、あまりに数が多いと、それらを把握するのに時間がかかってしまいますし、何より面倒くさいですよね。

そこで、中現状分析や大現状分析が効果を発揮します。1週間や1ヵ月といった比較的長期の時間単位の現状分析を行うことによって、小現状分析1つひとつを見返す必要がなくなりますから、自身の反省を未来に生かしやすくなるのです。

もちろん、小現状分析を厳密に7つ足して中現状分析とし、中現状分析を厳密に4〜5つ足して大現状分析とする必要はありませんし、現状分析は数学ではないですから、足し算を行うことは不可能です。ただ、これら3つの現状分析の関係を意識しながら取り組めるかが、目標達成できるかどうかに大きく影響するのです。

POINT

現状分析は1ヵ月・1週間・1日単位で行う

理想把握を実践する
――時間を取り入れる

次は理想把握です。
先ほどと同じように、まずは理想把握の実践ステップを振り返っておきましょう。

STEP1：背伸びした本当の理想を把握する
STEP2：理想の理由に目を向け、把握した理想が適切かを確認する
STEP3：把握した理想に客観的指標を加える

なお、パート1では上記の内容に加え、「短期的に達成できて達成感・満足感を得られるような理想を細かく設定していくことが大切だ」とお伝えしました（88ページ参照）。
はっきりと決めず、何となく進めようとする人の多くは、結局大きな理想しか考えません。時間は有限であって無限ではないにもかかわらず、です。

そうならないためにも、最初から理想を考える時間単位をきっぱりと決めておくことが必要になるわけですね。では一体、どのような時間単位で理想把握を行えばいいのでしょうか？

大理想把握：自分は1年後、どうなりたいのかを把握する
中理想把握：自分は1ヵ月後、どうなりたいのかを把握する
小理想把握：自分は1週間後、どうなりたいのかを把握する

これが答えになります。つまり、自分は1年でどうなりたいのか、1ヵ月でどうなりたいのか、1週間でどうなりたいのか、それぞれを考えるということですね。

なお、大理想把握・中理想把握・小理想把握を手帳に取り込むと、次ページのようになります。

週間 手帳フォーマット 受験版その1（月曜～木曜）

中方法論 過去問5年分程度が目安（解き方が確立できるまで続ける）／数学問題集1日5題程度／世界史教科書5冊1日1章程度確認／英単語帳・漢字―4分の1程度確認（1ヵ月で1周）
※模試前なので臨機応変に

小理想 国語の入試：一般的な解き方の確立→年に関係なく、得点を安定させる。6割程度／数学：問題演習で未知の問題への対応力向上→入試に近づけていく／暗記作業の継続：知識問題で得点を落とさない＋記述問題への対応力向上。知識問題は9割以上／土日の模試：総合偏差値70以上でA判定

月 Mon	8–16	16–20	20–24
［予定］	学校	自習	帰｜夕食｜自習｜休
［実際］	学校	休｜自習	帰｜夕食｜自習｜休

小方法論 国語過去問1年分→○／数学5題→△3題／世界史→○／英単語・漢字→○

小現状 学校の後、友人と休憩したので自習時間が予定より減った
→この時間は減らしたくないので、それを踏まえた予定が必要

国語は少し解き方がわかった。ついついフィーリングが入ってくるので注意／大学の先輩が○○○といっていた→たしかにそうかもしれない。反省

火 Tue	8–24
［予定］	…｜休
［実際］	…休

小方法論 国…／英…

自分は1週間後、どうなりたいのかを把握する

小現状 数学の問題が簡単だったので、すべて達成できたが、家に帰ってからはあまり勉強できない
→自習をある程度してから帰るようにした方がよい。21時ごろまで？

国語の過去問：単語がまだ覚え切れていない。単語がわかっていないと話にならないので、模試前までに単語の確認を一通りした方がよいか。割と古典は単語で押し切れる？

水 Wed	8–16	16–20	20–24
［予定］	…	…	…食｜休
［実際］	学校	休｜自習	帰｜夕食｜休

小方法論 国語過去問1年分→○／数学5題→○／世界史→○／古典単語（40ページ中20ページ）→○／英単語・漢字→○

小現状 家は寝る場所としたのがよかった。集中して勉強できた
→定期的に環境を変えてリフレッシュすることが必要かもしれない

国語の過去問：古典と現代文は関係ないと思っていたが、本質は同じなので、解き方も変わらないといえそう。相互に「国語」として学ぶ姿勢／数学：問題集のレベルが低いので変更した方がよい

木 Thu	8–16	16–20	20–24
［予定］	学校	本屋｜自習	帰｜夕食｜休
［実際］	学校	本屋｜自習	帰｜夕食｜休

小方法論 数学の新しい問題集の調達／国語過去問1年分→○／世界史→○／古典単語（40ページ中、残りの20ページ）→○／英単語・漢字→○

小現状 レベルの高い問題集は見つかったが、ここまでやる必要があるかは疑問。模試で確認。とりあえず模試まで数学はやらなくてよい／

国語はとりあえずはビジョンが見えたので、このまま模試にいってみる

週間 手帳フォーマット 受験版その2（金曜～日曜）

中方法論 過去問5年分程度が目安（解き方が確立できるまで続ける）／数学問題集1日5題程度／世界史教科書5冊1日1章程度確認／英単語帳・漢字―4分の1程度確認（1ヵ月で1周）
※模試前なので臨機応変に

小理想 国語の入試：一般的な解き方の確立→年に関係なく、得点を安定させる。6割程度／数学：問題演習で未知の問題への対応力向上→入試に近づけていく／暗記作業の継続：知識問題で得点を落とさない＋記述問題への対応力向上。知識問題は9割以上／土日の模試：総合偏差値70以上でA判定

金 Fri	8–16	16–20	20–24
［予定］	学校	休｜自習	帰｜夕食｜休
［実際］	学校	休｜自習	帰｜夕食｜休

小方法論 模試前：全科目を軽く確認

小現状 英語：見た感じ行けそうではあるが、最近触れていないのでどうか。模試で確認／世界史・地理などの知識系は入っているので、そこで落とすことはなさそうか？／数学はかけている時間的に落とせない／

国語は、解き方が使えるかどうかを確認

土 Sat［模試 1日目］	8–16	16–20	20–24
	模試	帰｜休｜復習	夕食｜復習｜休
	模試	帰｜休｜復習	夕食｜復習｜休

小方法論 模試1日目：国語と数学／復習

小現状 国語：古典が課題。過去問演習と単語確認はしていたが、練習が少なすぎるため、まだ対応できない。限界もありそうなので、はやいところで古典の勉強は切り上げてもよいかもしれない。とりあえず今月は検討期間と設定する。現代文は当てにしなくてよい／数学：おそらく満点に近い。ただ、難易度がかなり低かったので、上位層は全員取ってくるはず。差はつかない。これまでかけた時間を考えても取れて当然

日 Sun［模試 2日目］	8–16	16–20	20–24
	模試	帰｜休｜復習	夕食｜復習｜休
	模試	帰｜休｜復習	夕食｜復習｜休

小方法論 模試2日目：英語と世界史・地理／復習と今後の方向性決定

小現状 英語：リスニングと小説の得点率が低すぎる。時間の余裕にともなうゆるみ・先入観のある読解で小説ミスか。リスニング下読みを5分と設定していたが間に合わず、長時間集中できなかったことでリスニングミスか。他は満点に近い。小説とリスニングでも同様の方向性で検討／地理：データ判別でミス、点数が吹き飛んだ。地理的思考力を上げるか、データを覚えるか→時間ないし、覚えた方が自分には合っているから、後者か

メモ

中現状 やることはとりあえず達成。国語の解き方はまだ少し研究が必要。数学は難易度を上げていく方向で進めるが、他の科目を見る限り優先度は低い。模試内の知識問題ではほとんど点を落とさなかったので、暗記作業はこのまま継続していく（暗記には地理のデータも追加）。
喫緊の課題は英語のリスニングと小説。他形式の問題と同じ方向で検討してビジョンが見えるまで続ける

自分は１ヵ月後、どうなりたいのかを把握する
月間 手帳フォーマット 受験版
大理想
東大合格。センター試験と二次試験で450点以上
中理想
今月末の模試に合わせた全科目の調整・模試を通した今後の方向性の決定／模試で偏差値70を超える／各科目・分野で一般的な解き方の確立／社会は記述問題に暗記で対応できるように教科書の文言を暗記。基本事項の暗記は終了させる
大方法論
英語：英単語帳２冊、文法参考書１冊、英文解釈１冊／国語：週３程度で過去問。模試直前はもう少し増やして。演習とは別に、基本事項の確認も過去問の巻末付録で行う／地理：教科書３冊回す。半分程度進めたい。使えそうな記述はノートに書き出し／世界史：教科書４冊回す。メインの２冊は今月で１周以上。地理と同じ。大記述問題は塾の予習・復習のみで／その他、暗記事項や数学の演習
小理想
中方法論
29
30
1
2
3
4
5
中現状
6
7
8
9
10
11
12
13
17
18
19
20
24
25
26
27
28
29
30
31
1
2
自分は１週間後、どうなりたいのかを把握する
メモ
大現状
今後の方向性決定はできた。もう模試はないので、自分で区切りを設ける必要あり／英語：暗記作業は完了。ただ、模試で小説とリスニングがやばいとわかったので、ここに力を入れる／国語：模試には間に合わなかった。同じ方向性で継続はするが、古典に関しては、どこかで締めも必要になる可能性あり。来月半ばで１回検討／地理・世界史：模試で効果を発揮したので、教科書回しは継続。加えて、地理はデータ暗記が必要
来月へ
自分は１年後、どうなりたいのかを把握する

先ほどの現状分析では、1日単位の現状分析（＝小現状分析）をまとめて1週間単位の現状分析（＝中現状分析）にし、さらにそれをまとめて1ヵ月単位の現状分析（＝大現状分析）にしていくと述べました。今回は逆に、大↓中↓小の流れを意識することが大切です。

すなわちこういうことです。まず、1年単位の理想を12個に分けます。そして、1年後にそれを達成できているようにするために、「この1ヵ月でどうなりたいのか」を意識して1ヵ月単位の理想を把握します。さらに、それを4つ、または5つに分け、1ヵ月後にそれを達成できているようにするために、「この1週間でどうなりたいのか」を意識して1週間単位の理想を把握します。

なお、厳密に12個に分けたり、4～5個に分けたりする必要はありません。ここで重要なのは、遠い理想から逆算して近い理想を把握し、それに基づいて努力することなのです。

「現状分析みたいに、1日単位の理想は考えなくていいの？」

ここまで読んでみて、このように思う方もいらっしゃるかもしれません。

もちろん、1日単位の理想を軽視しているわけではありません。日々前に進んでいると

理想把握と時間単位

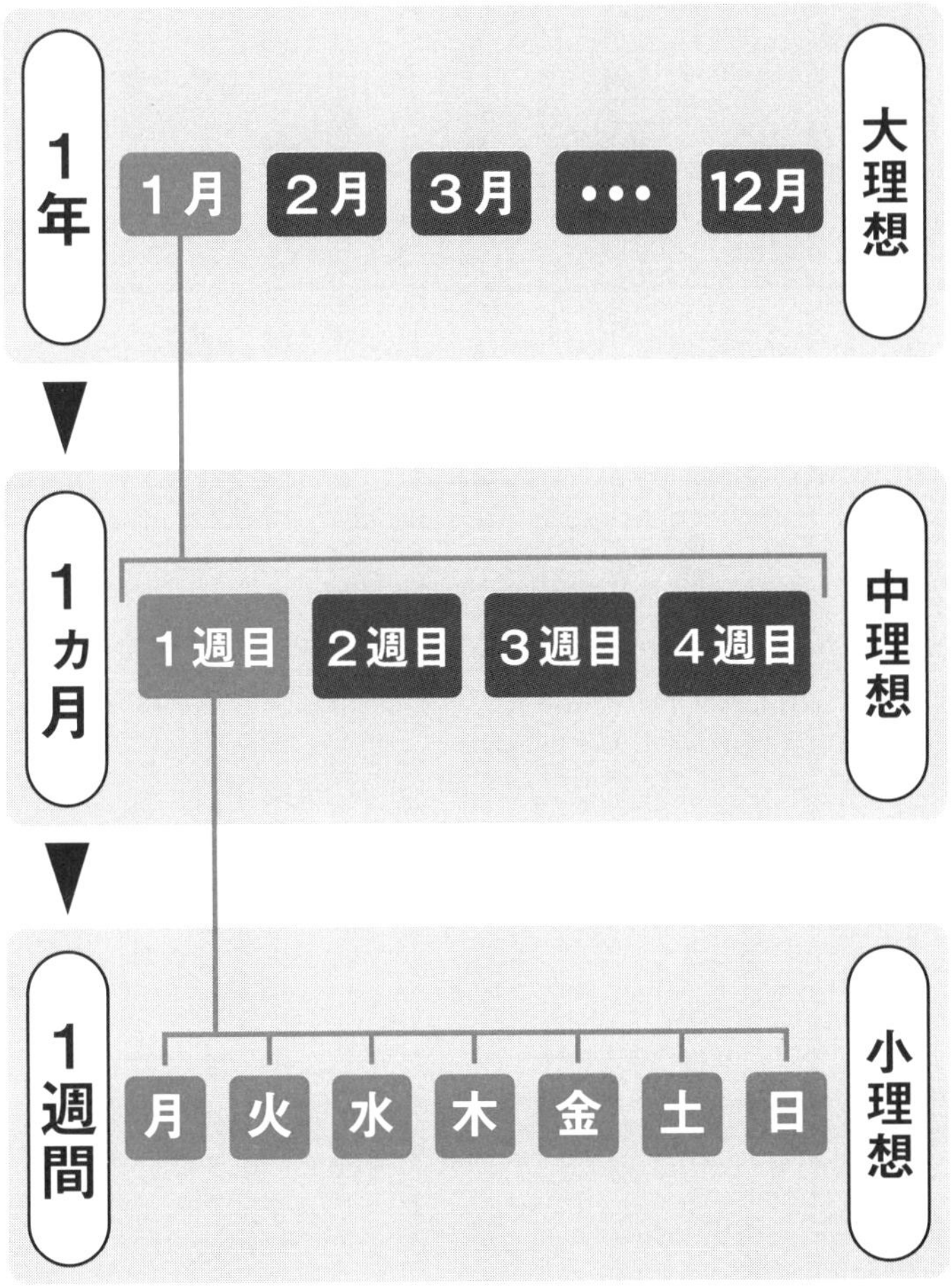

いう充実感を得るには、1日単位での理想を把握するのがベストであるという考え方もあるでしょう。しかし、私は1日単位の理想まで考える必要はないと思っています。

ここで立ち止まって考えていただきたいのですが、我々は一体、1日でどのくらい変わることができるでしょうか？　たった1日で大きく変わることなど可能なのでしょうか？

もちろん、何か大きな出来事があった日は、大きく変わるかもしれません。でも、そのような日は滅多にありません。滅多にないからこそ大きな出来事といえるわけですから。

結局、人間は1日程度では大きく変われないのです。変わることができるとすれば、せいぜい1週間だろうと私は考えています。

下手に1日単位の理想を考えてしまうと、それに近づけなかった自分に直面してしまう可能性が高まります。それで気を落としてしまっては本末転倒でしょう。だからこそ、理想把握は1年・1ヵ月・1週間という時間単位で進めていくことが大切なのです。

POINT

理想把握は1年・1ヵ月・1週間単位で行う

方法論構築を実践する——時間を取り入れる

最後は方法論構築です。
方法論構築の実践ステップは次のようなものでした。

STEP1：自分のすべきこと・したいことを思いつく限り書き出す
STEP2：それぞれの方法論の関係性を考え、できる限り数を減らす
STEP3：時間と理想との距離から優先度を考える

方法論構築とは、簡単にいえば「具体的に何をするのか」を考えることですから、現状分析、理想把握よりも時間という要素が大切になってきます。
方法論構築に適切な時間単位は次のようなものです。

大方法論構築：自分はこの1ヵ月、具体的に何をすべきなのかを決定する
中方法論構築：自分はこの1週間、具体的に何をすべきなのかを決定する
小方法論構築：自分はこの1日、具体的に何をすべきなのかを決定する

見てわかる通り、方法論構築は、現状分析と同じように1日単位まで落とし込んでいます。1日単位まで落とし込むということは、1ヵ月（＝4～5週間）で取り組むと決めたことを4～5つに分け、1週間（＝7日）で何をすればいいのかを考え、さらにそれを7つに分け、1日で何をすればいいのかを考えるということです。

なお、大方法論構築・中方法論構築・小方法論構築を手帳に取り込むと、次ページのようになります。

週間 手帳フォーマット 受験版その1（月曜〜木曜）

中方法論 過去問5年分程度が目安（解き方が確立できるまで続ける）／数学問題集1日5題程度／世界史教科書5冊1日1章程度確認／英単語帳・漢字—4分の1程度確認（1ヵ月で1周）
※模試前なので臨機応変に

小理想 国語の入試 一般的な解き方の確立→年に関係なく、得点を安定させる。6割程度／数学 問題演習で未知の問題への対応力向上→入試に近づけていく／暗記作業の継続：知識問題で得点を落とさない＋記述問題への対応力向上。知識問題は9割以上／土日の模試 総合偏差値70以上でA判定

月 Mon

	8	10	12	14	16	18	20	22	24
［予定］	学校				自習		帰／夕食	自習	休
［実際］	学校				休／自習		帰／夕食	自習	休

小方法論 国語過去問1年分→○／数学5題→△3題／世界史→○／英単語・漢字→○

小現状 学校の後、友人と休憩したので自習時間が予定より減った
→この時間は減らしたくないので、それを踏まえた予定が必要

国語は少し解き方がわかった。ついついフィーリングが入ってくるので注意／
大学の先輩が○○○といっていた→たしかにそうかもしれない。反省

火 Tue

	8	10	12	14	16	18	20	22	24
［予定］	学校				休／自習		帰／夕食	自習	休
［実際］	学校				休／自習		帰／夕食／自習		休

小方法論 国語過去問1年分→○／数学5題→○／世界史→○／英単語・漢字→○

小現状 数学の問題が簡単だったので、すべて達成できたが、家に帰ってからはあまり勉強できない
→自習をある程度してから帰るようにした方がよい。21時ごろまで？

国語の過去問 単語がまだ覚え切れていない。単語がわかっていないと話にならないので、模試前までに単語の確認を一通りした方がよいか。割と古典は単語で押し切れる？

水 Wed

	8	10	12	14	16	18	20	22	24
［予定］	学校				休／自習			帰／夕食	休
［実際］	学校				休／自習			帰／夕食	休

小方法論 国語過去問1年分→○／数学5題→○／世界史→○／古典単語（40ページ中20ページ）→○／英単語・漢字→○

小現状 家は寝る場所としたのがよかった。… →定期… フレッ… もしれ…

国語の過去問 古典と現代文は関係ない…で、解き…「国語」…で変更し

木 Thu

	8	10	12	14	16	18	20	22	24
［予定］	学校				本屋	自習		帰／夕食	休
［実際］	学校				本屋	自習		帰／夕食	休

小方法論 数学の新しい問題集の調達／国語過去問1年分→○／世界史→○／古典単語（40ページ中、残りの20ページ）→○／英単語・漢字→○

小現状 レベル… かった… があるかは疑問。模試で確認。とりあえず模試まで数学はやらなくてよい／

…したの

自分はこの1週間、具体的に何をすべきなのかを決定する

週間 手帳フォーマット 受験版その2（金曜〜日曜）

中方法論 過去問5年分程度が目安（解き方が確立できるまで続ける）／数学問題集1日5題程度／世界史教科書5冊1日1章程度確認／英単語帳・漢字—4分の1程度確認（1ヵ月で1周）
※模試前なので臨機応変に

小理想 国語の入試 一般的な解き方の確立→年に関係なく、得点を安定させる。6割程度／数学 問題演習で未知の問題への対応力向上→入試に近づけていく／暗記作業の継続：知識問題で得点を落とさない＋記述問題への対応力向上。知識問題は9割以上／土日の模試 総合偏差値70以上でA判定

金 Fri

	8	10	12	14	16	18	20	22	24
［予定］	学校				休／自習		帰／夕食		休
［実際］	学校				休／自習		帰／夕食		休

小方法論 模試前 全科目を軽く確認

小現状 英語 見た感じ行けそうではあるが、最近触れていないのでどうか。模試で確認／
世界史・地理などの知識系は入っているので、そこで落とすことはなさそうか？／
数学はかけている時間的に落とせない／

国語は、解き方が使えるかどうかを確認

土 Sat［模試 1日目］

	8	10	12	14	16	18	20	22	24
［予定］	模試				帰／休		復習／夕食	復習	休
［実際］	模試				帰／休		復習／夕食	復習	休

小方法論 模試1日目 国語と数学／復習

小現状 国語：古典が課題。過去問演習と単語確認はしていたが、練習が少なすぎるため、まだ対応できない。限界もありそうなので、はやいところで古典の勉強は切り上げてもよいかもしれない。とりあえず今月は検討期間と設定する。現代文は当てにしなくてよい／
数学：おそらく満点に近い。ただ、難易度がかなり低かったので、上位層は全員取ってくるはず。差はつかない。これまでかけた時間を考えても取れて当然

日 Sun［模試 2日目］

	8	10	12	14	16	18	20	22	24
［予定］	模試				帰／休		復習／夕食	復習	休
［実際］	模試				帰／休		復習／夕食	復習	休

小方法論 模試2日目 英語と世界史・地理／復習と今後の方向性決定

小現状 英語：リスニングと小説の得点率が低すぎる。時間の余裕にともなうゆるみ・先入観のある読解で小説ミスか。リスニング下読みを5分と設定していたが間に合わず、長時間集中できなかったことでリスニングミスか。他は満点に近い。小説とリスニングでも同様の方向性で検討／
地理：データ判別でミス、点数が吹き飛んだ。地理的思考力を上げるか、データを覚えるか→時間ないし、覚えた方が自分には合っているから、後者か

メモ

中現状 やることはとりあえず達成。国語の解き方はまだ少し研究が必要。数学は難易度を上げていく方向で進めるが、他の科目を見る限り優先度は低い。模試内の知識問題ではほとんど点を落とさなかったので、暗記作業はこのまま継続していく（暗記には地理のデータも追加）。
喫緊の課題は英語のリスニングと小説。他形式の問題と同じ方向で検討してビジョンが見えるまで続ける

自分はこの1日、具体的に何をすべきなのかを決定する

自分はこの1ヵ月、具体的に何をすべきなのかを決定する
月間 手帳フォーマット 受験板
大理想
東大合格。センター試験と二次試験で450点以上
中理想
今月末の模試に合わせた全科目の調整・模試を通した今後の方向性の決定／模試で偏差値70を超える／各科目・分野で一般的な解き方の確立／社会は記述問題に暗記で対応できるように教科書の文言を暗記。基本事項の暗記は終了させる
大方法論
英語：英単語帳2冊、文法参考書1冊、英文解釈1冊／国語：週3程度で過去問。模試直前はもう少し増やして。演習とは別に、基本事項の確認も過去問の巻末付録で行う／地理：教科書3冊回す。半分程度進めたい。使えそうな記述はノートに書き出し／世界史：教科書4冊回す。メインの2冊は今月で1周以上。地理と同じ。大記述問題は塾の予習・復習のみで／その他、暗記事項や数学の演習
小理想
中方法論
29 30 1 2 3 4 5
6 7 8 9 10 11 12
13 14 15 16 17 18 19
20 21 22 23 24 25 26
27 28 29 30 31 1 2
中現状
メモ
大現状
今後の方向性決定はできた。もう模試はないので、自分で区切りを設ける必要あり／英語：暗記作業は完了。ただ、模試で小説とリスニングがやばいとわかったので、ここに力を入れる／国語：模試には間に合わなかった。同じ方向性で継続はするが、古典に関しては、どこかで諦めも必要になる可能性あり。来月半ばで1回検討／地理・世界史：模試で効果を発揮したので、教科書回しは継続。加えて、地理はデータ暗記が必要
来月へ
自分はこの1週間、具体的に何をすべきなのかを決定する

私の普段の活動を踏まえるに、1ヵ月単位や1週間単位で何をするか決め、勉強に取り組むことができている学生の数はそこまで少なくありません。ですが、きちんと1日単位で決められている学生は、ほとんど見たことがありません。それではなぜ、1日単位まで落とし込むことができている人が少ないのでしょうか？

理由は人によってさまざまでしょうが、主な理由のひとつとして、「結局、何もしたくないから」というものがあるように思います。

一体どういうことかというと、1ヵ月単位や1週間単位で方法論構築をするとなると、それは多かれ少なかれあいまいでフワフワしたものになってしまいます。一方で、それを1日単位まで落とし込んでしまうと、やるべきことが明確になってしまい、実際にこなせなかったときのショックが大きくなったり、それに対する強制力が生まれたりしてしまうのです。

前者と後者、一体どちらが自分にとって心地よいでしょうか？　ほとんどの方が前者と答えるはずです。人間誰しも、できることならショックは受けたくないし、やりたくないことはしたくないものだからです。

方法論構築と時間単位

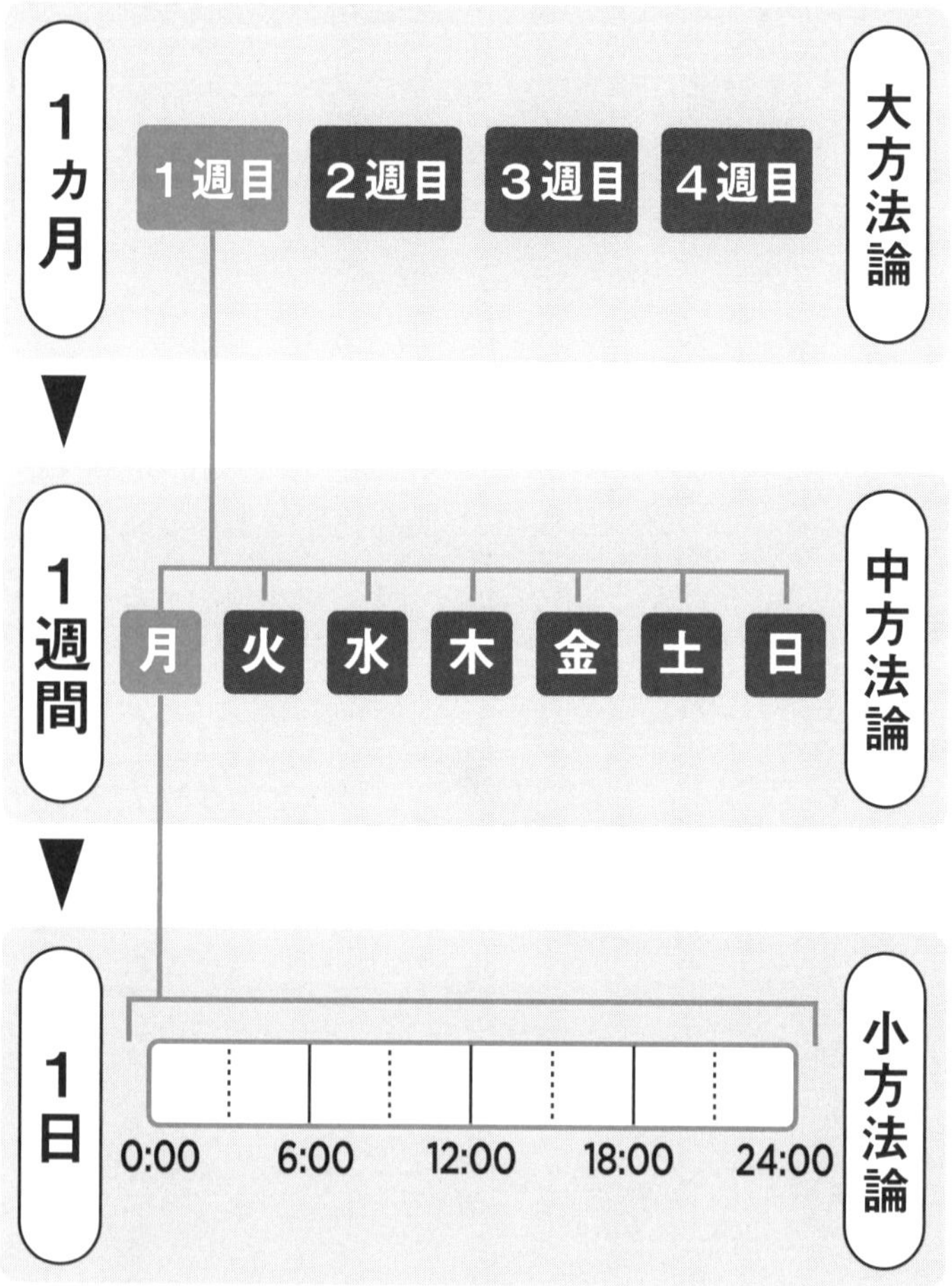
1カ月
1週目
2週目
3週目
4週目
大方法論
1週間
月
火
水
木
金
土
日
中方法論
1日
0:00
6:00
12:00
18:00
24:00
小方法論

ですが、何度もお伝えしているように、人間は長期的な視点をただ持つだけでは、実際の行動に移すことができません。ですから、1ヵ月や1週間といった比較的大きな時間単位で何をするか考えただけでは、それを実際にこなすことはできず、ただの自己満足に終わってしまう可能性が低くないのです。

そうならないために、最低でも1日単位まで落とし込み、取り組まなければならないことを明確化する必要があるわけです。

POINT

方法論構築は1ヵ月・1週間・1日単位で行う

9つの要素を振り返る

さて、ここまでパート0「『目標達成思考』とは?」、パート1「『戦略』編」、パート2「『手帳』編」と進んできました。中には「覚えないといけない実践ステップ、注意しないといけないポイントが多すぎて本当にできるのかな……」と、不安に思われている方もいらっしゃるかもしれません。

それなのに、ここで「これまでお伝えしたことは、どれも同じくらい大切です。ですから何度も読んで覚え、全部意識できるようにしてください!」などといってしまえば、ほかの書籍と何ら変わりません。

もちろん、お伝えしたことをできる限り多く覚え、できる限り多く意識できるように時間をかけて努力する、ということは非常に大切ではありますが、そこまで時間をかけられない、かけたくない、という方も多いでしょう。

ですから、ここでは、「これだけは絶対に覚えてほしい」という9つ（＝3×3）の要素を振り返ろうと思います。

その要素とは、現状分析・理想把握・方法論構築の3つに、時間をかけ合わせた以下の9つです。

①大現状分析：この1ヵ月を踏まえ、自分は今どのようになっているのかを分析する

②中現状分析：この1週間を踏まえ、自分は今どのようになっているのかを分析する

③小現状分析：その日を踏まえ、自分は今どのようになっているのかを分析する

④大理想把握：自分は1年後、どうなりたいのかを把握する

⑤中理想把握：自分は1ヵ月後、どうなりたいのかを把握する

⑥小理想把握：自分は1週間後、どうなりたいのかを把握する

⑦大方法論構築：自分はこの1ヵ月、具体的に何をすべきなのかを決定する

⑧中方法論構築：自分はこの1週間、具体的に何をすべきなのかを決定する

⑨小方法論構築：自分はこの1日、具体的に何をすべきなのかを決定する

いろいろな注意点をすべて覚えるのは難しいという方も、この9つだけなら覚えることができるし、実践できそうだと思えてこないでしょうか？

9つをそれぞれ関係のないものとして覚えるのはたしかに大変ですが、今回の場合は、現状分析・理想把握・方法論構築の3つと、それぞれに大中小があるということを頭に入れてさえいれば9つ分覚えたことになります。

この9つの要素こそが、目標達成思考そのものです。

繰り返しになりますが、この9つの要素だけはこの本を読み返さなくてもすぐに思い出せるようにしましょう。

ほかのポイントは、これらを実践しているうちに行き詰まってきたら確認する、という程度でも構いません。また、この9つをきちんと守ってさえいれば、大きく失敗することもありません。

これらを覚えることから、すべてが始まっていくのです。

9つの要素は、それぞれいつ実践するのか？

では、次に9つの要素をそれぞれどの時間単位で実践していくのか、ということについてご説明します。

まずは1年単位です。ここでは、大理想把握を行います。当たり前のことですが、「1年後どうなりたいか」といった大きな理想がなければ何も始まりません。

多くの方は、この部分の理想をすでに持っていると思いますが、ここがスタートであり、もっとも重要な要素のひとつですから、この機会に再度考えてみてください。

次に1ヵ月単位です。すでにおわかりかと思いますが、もう一度確認しておきましょう。

まずは大現状分析、つまり前の1ヵ月を目安に振り返り、等身大の自分を把握していきます。具体的には、「今、何ができて、何ができないのか」「なぜできて、なぜできないのか」といったことを分析します。

そして、それを踏まえて、中理想把握を行います。具体的には、「1ヵ月でどうなりたいのか」ということや「なぜ1ヵ月でそうなりたいのか」ということを把握します。

最後に、大現状分析と中理想把握をつなぐための大方法論構築、すなわち「1ヵ月で具体的に何をするべきなのか」を考えていきます。

それが決まった後は実際のアクションに移し、終わり次第、大現状分析に戻って繰り返します。以上の3つが1ヵ月単位で行う要素です。

次に、1週間単位で行っていく要素について見ていきます。

1週間単位も1ヵ月単位と順序はほとんど同じで、まず前の1週間の現状を振り返り、失敗と失敗の理由、成功と成功の理由を分析します（＝中現状分析）。

次に、「1週間でどうなりたいのか」を把握します（＝小理想把握）。

最後に、「1週間で具体的に何をするのか」を考え、実際のアクションに移して繰り返していきます（＝中方法論構築）。

最後に、1日単位で行っていく要素について確認しましょう。

ここで行うのは小方法論構築と小現状分析の2つの要素になります。1日単位ですから、これら2つの要素は毎日行うようにしましょう。

具体的には、まず「その日に具体的に何をするか」を考えます（＝小方法論構築）。これを考えたら実際のアクションに移ります。

次に、小方法論の実践やその日の生活の中で気がついたことなどを踏まえ、小現状分析を行っていきます。つまり、アクションの途中やアクションの後に見つかった自分の課題などを記録しておく、ということです。

そして、記録した内容を踏まえて、次の日に具体的に取り組むことを決めたり、修正したりして同じように繰り返していきます。

以上が、9つの要素と時間単位の対応関係になります。

大現状分析や中方法論構築といった単語が難しいと感じる方は、これらの単語を覚える必要はありませんので、1年単位・1ヵ月単位・1週間単位・1日単位でそれぞれどのようなことをすればいいのか、イメージでとらえるようにしてみてください。

9つの要素を「いつ」実践するのか

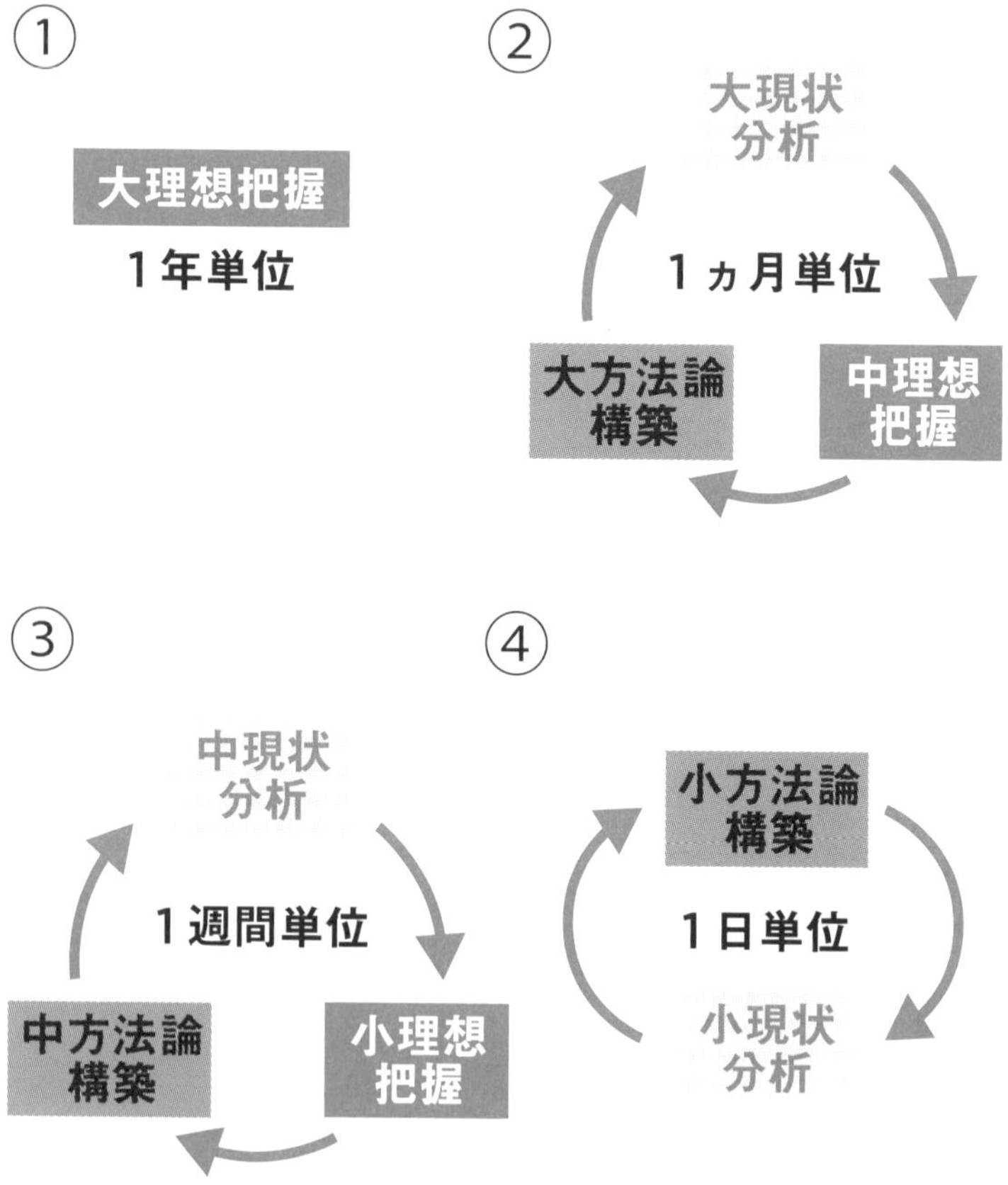

目標達成思考を振り返る

さて、パート1「戦略」編、パート2「手帳」編を通して目標達成思考についてご説明してきました。現状分析のやり方や3軸の関係図など、さまざまなものが出てきましたので、おさらいの意味も込めて、最後に重要なことを図でまとめておきたいと思います。

これらは目標達成思考を実践する上での鍵となる考え方です。まだ理解し切れていないという場合は、それぞれのページに立ち返ってみてください。

なお巻末には、ビジネスシーンを想定した手帳の実例（176〜181ページ）と、あなたが目標達成思考を実践するための手帳フォーマット（182〜187ページ）を準備しました。思い描いた理想を確実につかみ取るために、ぜひ活用してみてください。

※巻頭付録の手帳フォーマットは切り取って活用することができます。

❸現状分析・理想把握・方法論構築、3軸の関係

まだ理解できて
いなければ
117ページへ

❹9つの要素の実践

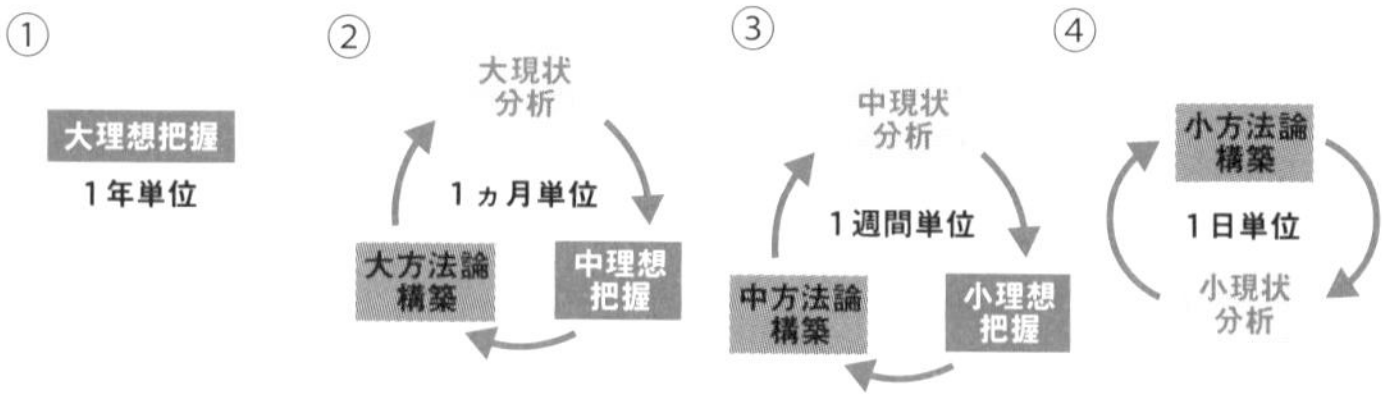

まだ理解できていなければ
170ページへ

目標達成思考を実践する上での鍵となる4つの考え方

❶現状分析・理想把握・方法論構築 それぞれの3ステップ

SECTION1　現状分析の振り返り

POINT1
現状分析とは、努力の結果に一喜一憂することではない

POINT2
現状分析は、繰り返し確認できる形にしなければ意味がない

STEP1
大きな問題は、分解して解決できる小さな問題にする
↓
STEP2
分解した問題の、失敗と失敗の理由を分析する
↓
STEP3
成功と成功の理由に目を向ける

まだ理解できて
いなければ
69ページへ

SECTION2　理想把握の振り返り

POINT1
優秀な人は理想把握を徹底的にしている

POINT2
短期的な理想の実現は、長期的な理想の実現につながる

STEP
背伸びした本当の理想を把握する
↓
STEP2
理想の理由に目を向け、把握した理想が適切かを確認する
↓
STEP3
把握した理想に客観的指標を加える

まだ理解できて
いなければ
93ページへ

SECTION3　方法論構築の振り返り

POINT1
時間的な余裕を持たせた方法論構築を行う

POINT2
つねに改善点がないか探し、修正し続ける

STEP1
自分のすべきこと・したいことを思いつく限り書き出す
↓
STEP2
それぞれの方法論の関係性を考え、できる限り数を減らす
↓
STEP3
時間と理想との距離から優先度を考える

まだ理解できて
いなければ
115ページへ

❷現状分析・理想把握・方法論構築 それぞれの大・中・小とその関係

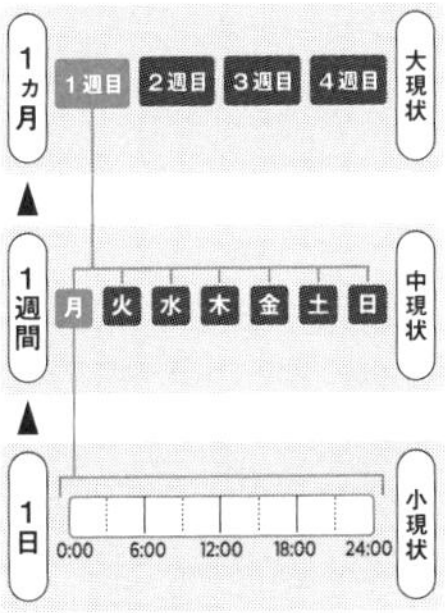

まだ理解できて
いなければ
148ページへ

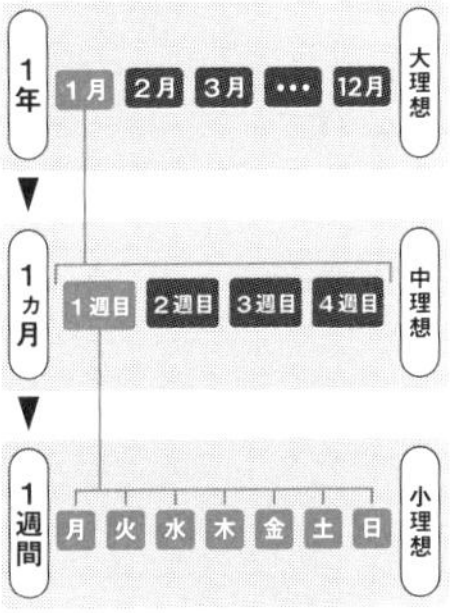

まだ理解できて
いなければ
155ページへ

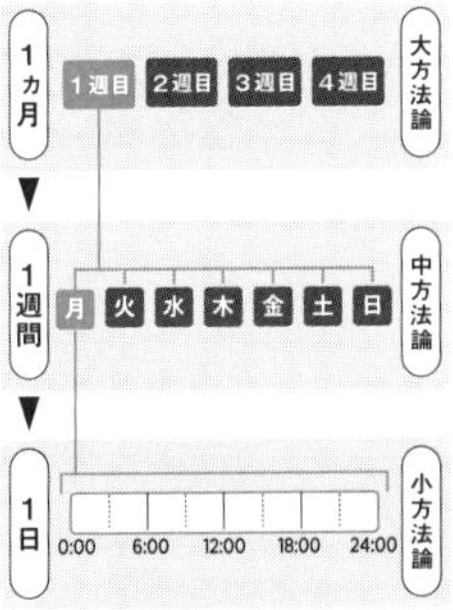

まだ理解できて
いなければ
162ページへ

おわりに

最後になりますが、ひとつ、まだ深く議論できていないことがあります。それは「目標」についてです。目標達成思考なのに「目標」の話をしないまま終わるのはおかしな話ですから、最後に少し触れておきたいと思います。

まず前提としてご理解いただきたいのが、「理想」と「目標」は同じものではない、ということです。おそらく、多くの方々が今「目標」だと思っていることは、そのほとんどが本書では「理想」に当てはまります。

「□□大学に合格したい」「仕事で△△したい」こういった思いは、すべて「理想」という通過点に過ぎないのであって、「目標」ではないと私は考えているわけです。

では、その「目標」には何を設定すればいいのか？　それは、自分の感覚にしたがってイメージされる「なりたい自分」です。

人は、その人生を通じてなりたい自分に近づき、幸福を感じるために生きています。決して大学に受かるためでも、仕事で成功するためでもありません。目標達成思考の「目標」にはこの、なりたい自分が当てはまるのです。

「なりたい自分といわれても、わからない」そう思われる方もいらっしゃるでしょう。大半の方がそうかもしれませんね。

そういう方は、日々の生活の中で自分の内なる声に耳を傾けてみてください。最初はかすかでも、耳を傾け続けることでその声は大きくなっていきます。目標達成思考を実践するには、そのかすかな「目標」を頼りに努力するだけでなく、その「目標」を明確にすべく、自分の声に耳を傾け続けることが大切なのです。

それではみなさんが、人生をかけて目指したい「目標」を発見し、本書でお伝えした努力の仕方を通じて、その「目標」に少しずつ近づいていっていただけることを心から願っています。

<table>
<tr><td colspan="2">小理想 ・社内でのプロジェクト説明の成功と、それを踏まえた相手方との打ち合わせの成功（仕事）
・今後のキャリアの方向性を検討→このまま残るか、辞めるか</td></tr>
<tr><td>小現状 ・説明が伝わりにくい
→資料の内容・構造に問題はなし。伝え方・話し方に問題あり。どのように話すかを事前により明確にしておくべきか？＝文章化。加えて、話し方の本を何冊か読んでみるのもありかもしれない</td><td>〈TV・YouTubeなど〉
□◎△</td></tr>
<tr><td>小現状 ・資格の参考書と話し方の本を購入
→少し読んだ</td><td>〈本の感想〉
△△△
・次に読みたいと感じた本メモ
□□□、×××、……。
〈TV・YouTubeなど〉
◎◎◎</td></tr>
<tr><td>小現状 ・こちらの説明は伝わった。が、相互のコミュニケーションに少し問題があったか？
→お互いに理解があいまいなまま話を進めてしまったところがあるように感じる。これが次からも続くとかなり危険。積極的に相手の主張の聞き返しや要約をしてこちらから寄り添っていった方がよい</td><td>〈本の感想〉
○△□……</td></tr>
<tr><td>小現状 〈飲み会にて〉
資格を持っている人は□×◎という働き方が多い。□△○……
→転職もありかもしれないな</td><td>〈本の感想〉
世間でいわれているほど難易度の高い試験ではなさそう
→2ヵ月あれば十分かな。仕事終わりにカフェでやって帰るようにするか</td></tr>
</table>

週間 手帳フォーマット ビジネス版その1(月曜〜木曜)

中方法論

・仕事
・スキマ時間で資格の参考書1冊を読み終える

月 Mon

8 10 12 14 16 18 20 22 24

会社	帰	夕食	休	読書
会社	帰	夕食	休	読書

小方法論

・社内でのプロジェクト説明と、打ち合わせに向けた反省(メイン)
・その他の仕事

火 Tue

8 10 12 14 16 18 20 22 24

会社	本屋	帰	夕食	休	読書
会社	本屋	帰	夕食	休	読書

小方法論

・仕事
・本屋で資格関係の参考書と話し方の本を見てみる

水 Wed

8 10 12 14 16 18 20 22 24

会社	帰	夕食	休	読書
会社	帰	夕食	休	読書

小方法論

・相手方との打ち合わせ(メイン)
・その他の仕事
・読書→話し方の本を読み終える

木 Thu

8 10 12 14 16 18 20 22 24

会社	飲み会	帰	休
会社	飲み会	帰	

小方法論

・仕事
・☆☆と飲み会(キャリアについていろいろ聞いてみる)
　→とりあえず聞きたいこと=▽▽▽
・資格の参考書に少し取り組む

小理想 ・社内でのプロジェクト説明の成功と、それを踏まえた相手方との打ち合わせの成功（仕事） ・今後のキャリアの方向性を検討→このまま残るか、辞めるか	
小現状 ・社内で企画の進行具合を報告 →これはもう転職かな。「目の前の人」と仕事をするという感覚が欠けている環境はキツイ。企画の目標達成・自分の目標達成以前の問題→とりあえず今のプロジェクトは全力でやりつつ、転職に向けて準備	〈本の感想〉 ◎☆▽……
小現状 〈転職に関するネットで得た情報〉 ○◎☆… →選択肢はA、B、C……	〈本の感想〉 □▽□……
小現状 〈相談〉 転職先に過度な期待を抱くのは危険 →諦めつつ、諦めない、という姿勢くらいでちょうどよい	〈本の感想〉 ☆□☆…… 〈TV・YouTubeなど〉 ◎×◎……
中現状 ・社内の説明と、打ち合わせを踏まえて→まだスキルが不十分。こっちの不手際で他の人に迷惑をかけることは許されない→事前準備をさまざまな角度で徹底する前提のもと、理論・実践と反省の繰り返しでやっていくしかない状況。ひとつ、こちらから寄り添う姿勢は大切 ・今後のキャリアの方向性→とりあえずは転職（資格職）で決定。人とモノを通して知識を増やしていく。選択肢はできる限り多く。ただし、過度な期待は禁物。そもそも仕事を通して何をしたいのか、である	

週間 手帳フォーマット ビジネス版その2(金曜〜日曜)

中方法論

・仕事
・スキマ時間で資格の参考書1冊を読み終える

金 Fri

8–18	18–20	20–22	22	23–24
会社	帰	夕食	休	読書

8–20	20–21	21–22	22–23	23–24
会社	帰	夕食	休	読書

小方法論

・社内で企画の進行具合を報告(メイン)
・その他の仕事
・資格の参考書1冊を読み終える

土 Sat

8–10	10–12	12–18	18–24
休	リサーチ	家族で外出・本屋	休(読書など)

8–10	10–12	12–20	20–24
休	リサーチ	家族で外出・本屋	休(読書など)

小方法論

・転職について調べる→今後のビジョンの明確化
・本屋で資格の本を何冊か見る

日 Sun

8–10	10–13	13–15	15–20	20–21	21–22	22–24
休	リサーチ	昼食	読書(カフェ)	夕食	休	相談

8–10	10–13	13–15	15–20	20–21	21–22	22–24
休	リサーチ	昼食	読書(カフェ)	夕食	休	相談

小方法論

・家族に相談
・読書

メモ

→ 大方法論

・仕事
・友人や家族への相談、読書でキャリアを考える

2	3	4	5 →	中現状
9	10	11	12 →	中現状
16	17	18	19 →	中現状
23	24	25	26 →	中現状
30	31	1	2 →	中現状

大現状 ・今後のキャリアの方向性は転職（資格職）で決定
→来月の試験を試しに受けてみて、立ち位置を把握する。それまでに一通り勉強を終えて全体を俯瞰できるようにしたい→1年後の合格を目指す。
・次の仕事で同じような失敗をしないためには、理想の理由を意識することに加え、情報収集を継続する必要がある→その仕事を辞めた人の発信が有意義であろう
〈本・テレビ・YouTubeなど〉○○○……

来月へ →

月間 手帳フォーマット ビジネス版

大理想 →		中理想 →		
・仕事というものを、お金を得る手段としてだけでなく、よく生きるための手段とすること。仕事で自身の精神を破壊したり、家族に迷惑をかけたりしないこと		・プロジェクトの成功 ・今後のキャリアを考え、方向性を決定する →今の会社に残るか、転職するか？ また、今の会社に残るなら社内でどう動いていくか、転職するならどの選択をするか、を考える		
小理想 →	中方法論	29	30	1
小理想 →	中方法論	6	7	8
小理想 →	中方法論	13	14	15
小理想 →	中方法論	20	21	22
小理想 →	中方法論	27	28	29

メモ

小理想	
小現状	
小現状	
小現状	
小現状	

週間 手帳フォーマットその1(月曜～木曜)

中方法論									
月 Mon	8	10	12	14	16	18	20	22	24
小方法論									
火 Tue	8	10	12	14	16	18	20	22	24
小方法論									
水 Wed	8	10	12	14	16	18	20	22	24
小方法論									
木 Thu	8	10	12	14	16	18	20	22	24
小方法論									

小理想	
小現状	
小現状	
小現状	
中現状	

週間 手帳フォーマットその2(金曜～日曜)

中方法論

金 Fri	8	10	12	14	16	18	20	22	24

小方法論

土 Sat	8	10	12	14	16	18	20	22	24

小方法論

日 Sun	8	10	12	14	16	18	20	22	24

小方法論

メモ

→ 大方法論

2	3	4	5	→ 中現状
9	10	11	12	→ 中現状
16	17	18	19	→ 中現状
23	24	25	26	→ 中現状
30	31	1	2	→ 中現状

大現状

来月へ →

月間 手帳フォーマット

大理想 →	中理想 →			
小理想 →	中方法論	29	30	1
小理想 →	中方法論	6	7	8
小理想 →	中方法論	13	14	15
小理想 →	中方法論	20	21	22
小理想 →	中方法論	27	28	29

メモ

相生昌悟（あいおい　しょうご）

2000年生まれ。地方公立高校出身の現役東大生。

高校入学当初から勉学に励み続けるも、思うような結果に結びつかず、努力の仕方を考え始める。最終的に、努力を必ず目標達成に導く「目標達成思考」を確立し、高校3年時に東大模試で全国1位を獲得する。その後、東京大学に現役合格。

現在は自身の経験を全国の教師や学生に伝えるべく、「リアルドラゴン桜プロジェクト」で高校生にコーチングを行っている。また、noteでは「普通の東大生 ねこ」という名前で東大の過去問解説を行っている。

東大式 目標達成思考
「努力がすべて」という思い込みを捨て、「目標必達」をかなえる手帳術

2020年 9月30日　初版第1刷発行

著　者——相生昌悟

発行者——張 士洛
発行所——日本能率協会マネジメントセンター
〒103-6009 東京都中央区日本橋2-7-1 東京日本橋タワー
TEL 03(6362)4339(編集)／03(6362)4558(販売)
FAX 03(3272)8128(編集)／03(3272)8127(販売)
http://www.jmam.co.jp/

装　丁——山之口正和（OKIKATA）
イラスト——髙柳浩太郎
本文DTP——株式会社RUHIA
印 刷 所——シナノ書籍印刷株式会社
製 本 所——ナショナル製本協同組合

ISBN 978-4-8207-2820-7　C2034
落丁・乱丁はおとりかえします。
PRINTED IN JAPAN